有意義人生論

人間には、よりよく生きるための道がある

齋藤鐵也

22世紀アート

目次

はじめに

世の中に時がある以上、時の流れには過去、現在、未来があります。

老若男女を問わず、私たちは、今この瞬間が過去と未来の接点であり、その接点を時は未来に向かってどんどん流れていきます。大宇宙から見た時間というものは無限かもしれませんが、私が、あなたが、この世の中に生を得た時からの、私、そしてあなたの時間は有限であり、過ぎ去っていきます。この尊い自分だけに与えられた一生という時間をいかに有意義なものとして過ごすことができるかで、あなたの、そして私の人間として生まれてきた価値が決まるように思います。

仏教の教本に「光陰矢の如し」という言葉があります。宇宙ができて何百億年、いや何千億年の年月が経っています。気の遠くなるような、一種の無限の空間の中で、人間の一生なんて光がパッと輝いた瞬間にもならない時間でしかないでしょう。

この世に人が出現してから約五〇〇万年。人の手によって植物が生産される（農業）ようになって八〇〇〇年から一万年だそうです。そして、私たちが生きている現代社会の基礎になっている文化ができてからは約三五〇〇年ぐらいだそうです。

人生は有限ですから、必ず終りの時、すなわち死があります。まれには現世の苦しみ、たとえば痛み、希望喪失、その他いろいろな苦しみからの逃避のために、死を美化し、自ら死を選ぶ人、望む人がみられます。しかし大多数の人は死を怖がり、平素は死のことを考えないように逃げているのではないでしょうか……。また反面、自分の精神的、物質的欲望だけを求めて生きているのではないでしょうか……。その欲望だけを今の自分が生きていく目的として、追求していっているのではないでしょうか……。それを私は否定はしません。

しかし、あなたを含め、人類は共存共栄です。お互いを助け合い、手を取り合って生きていかなければならないと考えています。私は、人間は本来そうあるべきという自分の考えを、大勢の方、未来の方々にも伝えていく義務があるのではないだろうかと考えています。

人として生まれてきた以上、よりよく生きようと人々が欲するところに宗教が生まれてきたのではないだろうかと私は思っています。

釈迦、キリスト、モハメットを始めとした多くの宗教の教組は、お経・聖書・コーランという形で、人間が生きていく道しるべを教本として作ってくれたのではないでしょうか。人間としての正しき生き方を示すとともに、人間から死に対する恐怖心や不安感、迷える心、哀れみの心、そして、いろいろな欲望を解き放つ心の支えとなり、慰めて下さっているのではないでしょうか……。

しかし歴史上、そして現代においても、民族と宗教の対立を元とした争いがいかに多いことか。宗教が、人間が生きていくための道しるべという本来の目的から離れていきつつあるように思えてなりません。

いろいろな文化、科学、芸術から考えたならば、ガリレオ、エジソン、ベートーヴェン、ピカソ、ゴッホ等、数え切れないほどの人々が、いろいろなものを残していってくれました。それを、今の私たちは心の癒しに、生活の糧にして使わせてもらっているのです。

かつては、人間の寿命は三〇歳くらいだったそうです。医学の発達で今では一〇〇歳を超えて元気に過ごされている方が大勢いらっしゃいます。仏教の教えに「光陰矢の如し」という言葉がありますが、そういう貴重な一生の時間のなかで、多分、そういう方々は、自分の自由な時間を削ってまで、あるいは自分の大切な時間を、社会のために提供してきた人たちではないかと思います。その結果、現代の私たちがどれほどの恩恵を受けているかを考えますと、頭の下がる思いがいたします。

宇宙からみれば、光の瞬きにもならない時間ではあっても、私たちは、その生きていく中でいろいろなことが起こります。私の元にもさまざまな方が相談にいらっしゃいます。後からこうだったのよ、と話して下さる方もいらっしゃいます。それらのお話を聞いておりますと、人それぞれ、いろいろな生き方、いろいろな考え方のあることが分かります。歌の文句ではありませんが、まさに〝人生いろいろ〟です。

私のこれまでの人生経験と体験の積み重ねから得たものを、私なりに過去の良いこと、ちょっと変だと思ったこと、あるいは考え直してみたいこと、言っておきたいこと、知っておいてもらいたいと思っていること等を、これから書いてみようと思います。この文を読んで、良いこと、悪いこと、ここは自分はこう思うが、と各人意見がおありと思います。価値観の多様化で、一つの問題に対しても選択肢がいろいろあると思いますが、敢えて私は、質問的な書き方で、あなただったらどのように思いますか？　と、単に本を読むだけではなく、一緒に考え、それによって、一緒に答えを出していければいいなと思っています。

人は考えることによって、頭の中にそれが記憶として必ず残ると思いますが、どうでしょうか。忙しいあなたは、毎日空気を吸って生きているという実感を持ってらっしゃるでしょうか。高い山に登り、酸素のありがたさを知り、肺炎などの呼吸のできない病気になり、また、水の中でおぼれて息ができなくなった時、初めて酸素のありがたさが分かるのではないでしょうか。普段は何とも思わない当り前のことでも、一歩下がった視点から見ると別の見方ができるように、新たなあなたの考え方を引き出すプレゼンテーターになれたら。また、毎日が忙しいあなたにふと人間として自分の人生を振り返る一時のチャンスを提供し、ともに考えていけたらな……と、そんな願いも込めて本書を書きました。若い人も老いたる人も、今、現在からが、これからのあなたの、そして私の新しい人生の始まりであり、迷いの始まりだと思います。たとえば高校生ならば将来の進むべき道を考え、その上で自分の能力、家庭の事情と経済力で大学を選び、次は職場を、結婚相手を……と考えた時、一生死ぬまで、人生とは自分の行動の迷いと、人との出会いの選択の連続ではないでしょうか。

今、この本を読んでおりますあなた自身、これからの将来に対して、どのような人になり、どのような仕事をしたいか等、夢がいろいろあると思います。今から勉強をするか、友だちと会うか、野球を見に行くか、面白くないこの本を読み続けるか……どれを取るか悩みますよね。そして自分で選択して決めます。ある時は他人のアドバイスを聞いて決断する時もあると思います。特に親、兄弟等の身内、友だち、時にはその他の専門家もいると思います。

その迷いと出会いを良き方向へ向かうように選択し過去の良いこと、悪いことを考えながら新しい人生を送っていって欲しいと思います。人は失敗の繰り返しから反省があり、反省の繰り返しから成長があり、成長から成功があるのではないかと思います。過去は変えることはできませんが、未来は、将来は自分自身の努力により、やる気により、今現在よりグッドに、ベターに、ベストに変えることができると思います。

政治、経済、モラルなど、何をとっても、株式会社日本のファンダメンタルズが悪い昨今、自分の人生のサクセス・ストーリーをゲットするためには、自分自身で、自分自身を磨いていかなければならないと思います。それで私は、敢えてこれからのあなたの人生観に問題を提起してみたいと思って、昔からこのような文を書いていました。

各自、自分に合わないところは切り捨て、一つでも二つでも同感したり、参考になったと思ってくれるようなことがあったら幸いです。

またこれは、未熟な私自身がこのような人生を送りたいという願望と、これからこのような人生が送れるよう自分自身を律し、鼓舞するものでもあります。

この文は、仕事が忙しく各ユニットずつ長い日々をかけて書いてありますので、重複しているようなところや、読みづらい個所も多くあると思います。私は知識のある学者でも、専門家でもない、単なる初老の人間ですが、現世における、過去、現在、未来のために今の私の考えていること、思っていること等、いろいろなことを素直な気持ちで書いてみようと思っております。

最近話題になっていますものに、デジタルデバイドというのがありますが、ＩＴを理解し、かつ利用している人と、していない人とではライフスタイルに与える利益の差が、大きなものになっているそうです。それと同様に、自分の長い人生に対して、情熱を持つか、持たないかによって、あなたの人生が大きく変わるのではないでしょうか……そして自分の努力という手で、自分の人生のアドバンテージを掴んで欲しいと思います。

私たちの人生にはいろいろなことが起こります。そのいろいろなこと一つひとつにいろいろな考え方があるし、解決方法があります。その考え方、解決方法にもいろいろな選択肢があります。メリット、デメリット。リターンもあればリスクもあります。また、それにも表裏があると思います。

一つの行動を起こす時も、直ちに決断を下してアクションを起こさなければならないことと、ゆっくり成行きを見てからの方が良いこととがあると思います。人間ですから情けによって状況が変わる場合もあります。

「世の中、なるようにしかならない。なった時はなった時、その時に考える」という考えを持っておられる方もいるかと思います。価値観の多様化している現代ですから、いろいろな考えの方があるでしょうから、一概に否定はしません。その人の人生はその人のものですから。しかし、どうでしょうか。考えて下さい。私たち生あるものは無限の中で生きているのではなくて、有限の時間の中で生きているのです。個人差はありますが、オギャーとこの世に生まれてきて、死を向かえるまでの時間は決まっています。いくら生きても一二〇歳ぐらいが限界です。平均寿命は八〇歳です。オギャーと生まれて八〇歳まで生きたとして七〇万八〇〇時間です。その内三分の一寝ていたとしたら、活動している時間は四六万七千二〇〇時間です。現在四〇歳の人なら、後、二三万三千六〇〇時間しかないのです。あなたがこの世で滞在を許されたその尊い時間は、日々刻々と減ることはあっても増えることはないのです。忙しい毎日の中でつい忘れがちですが、そう考えると、今のこの一分一秒がどんなに大事なものかということがお分かりいただけるかと思います。

命の次に大事なものとして多くの方が「お金」を挙げます。お金がなければ食べるものも買えませんし、身を守る服も買えませんから、たしかに生きていく上でお金は必要不可欠なものです。しかし、お金は減っても、働いて収入を得ればまた増やすことができます。ところが失った時間は二度と戻ってはきません。

しかし、私たち人間には知恵があります。その大切な時間とお金を、自分の人生においてどうしたら満足できる使い方をしていけるかを考えることができるのです。そこが人間と他の動物との違いです。

人それぞれに、それぞれの生き方があると思います。その生き方を、どのようにしたらグッドに、よりベターに、ベストにしていけるか。一歩でも高い目標に向かって努力するところに成功があり、進歩があり、喜び、満足感が芽生え、充実した人生が送れるのではないかと、私は思っています。

なるようにしかならないと思って何も考えなかったならば、あまり良い結果には結びつかないように思います。結果というものは、良い悪いにかかわらず、時間が経つと必ずやって来ます。たった一度きりの人生です。人間は考えることができるのですから、その思考力と努力によって、一つでも二つでも上の良い結果を、よりベターな、よりベストの結果を得たいと思うのですが、いかがでしょうか。

けれど、だからと言ってあまり心配し過ぎたり、クヨクヨ考え過ぎるのもよくありません。常にその時の状況判断で、前向きな考えと決断でより良い自分の人生の方程式を考えて欲しいと思います。

私は人間として何も考えず、平々凡々として暮らすのも一つの生き方とも思いますが、この世に人間として生まれて来た以上、自分のため、家族のため、国のため、世界のため、未来の、そして人類発展のためにも、何らかのアクションを起こして、常に前向きのベストな人生を送って生きていくのが、まともな人間ではないかと思っています。いや、人間として、皆さんから崇拝されるような人間に、自分はどこまで人間的成長が得られるか、自分の可能性を試してみてはどうでしょうか。常にプラス思考に考え、時には人生はその時の諸々の状況によっては、引く時、また一歩下がる時も必要ですが、なるべくチャレンジ・スピリットで前向きに行動していきたいと思っています。あなたの一度だけの尊い人生を、自分の手でより良い方向に開拓していってもらいたいと思います。

生物には慣性というものがあります。各自が意識しないで出る行動です。慣性にも生物としての生きていくための慣性から、人間として、日本人として、自分としての知らず知らずの行動に現れている場合もあると思います。自分自身の必要なき、悪徳な慣性はなるべく排除し、良き行ない、必要な慣性を受納するためには、平素の行ないによる善悪の判断、反省、自覚することによって良き慣性を身につけることができるのではないでしょうか。

必ず命あるものは死す、形あるものは壊れると昔から言われています。誰もが逃れることのできない死に向かっている尊い人生です。そしてリセットができない一回だけの長い人生です。いや、人によっては短い人生です。若くして命を落とす人、自分の夢半ばで人生の終末を迎える人等、また一方、人生の敗者になり、世捨て人になり、苦しみから（人生の苦しみ、健康からの苦しみ）、自ら命を絶つ人もいます。長い祖先から受け継いできた尊い命です。

このように各人、いろいろな人生を、時間を持って生きています。自分にとって大切な今の時間……今この文を読んでいる時間は決して戻って来ない過去になるのです。失敗もあると思いますが、しかし何事も自分自身の責任においていろいろな選択肢からベストを尽し、仮に失敗しても納得のいく、悔いのない失敗、悔いのない人生を送っていきたいと思います。

昔から失敗は成功の元と言われていますが、失敗は少ない方が良いに決まっています。私の頭は単細胞にできていますが、一本の筋道だけは、ポリシーだけは、頑固に、きちんと持って生きていきたいと思っています。しかし間違いもあります。間違いを指摘されたら謙虚に受け止めて、自分で納得したら訂正させていただきますので、よろしくご指導をお願いします。

第一部　よりよく生きるということ

一、過去の遺産の恩恵

若い人たちとのミーティングの中で「おじさん、昔と今とでは時代が違う」、「今頃、そんなこと考えていたら笑われるよ」と、よく言われます。ジェネレーション間のギャップが確かにあると思いますが、しかし私は次のように思います。

現在、私たちが生きている人間社会は、昔からの経験と、伝統と、文化（知識）の蓄積の中にドップリと浸っているのではないかと思います。大勢の先祖たちの数えきれないほどの失敗と成功の尊い経験と、蓄積された知識から生まれてきたところの、伝統、科学、経験、学問、芸術その他地球上にある、あらゆるものを語らずして、現在の社会、いや、今のあなたの世界はありえないと思うのです。

あなたの頭の中にあるあらゆる知識、そしてあなたが今使っているあらゆる道具に、あなた自身が作ったもの、あるいは考えたものがどれだけあるでしょう。もしあったとしても、それを考えた知識の大部分は、先人たちからの贈り物か、または他人からもらった知識を応用して作ったものばかりではないでしょうか。他人の世話にならないのだからと、自分のことだけを考えていたらよいと思っている人がいますが、自分一人では決して生きてはいけないし、他人様のいろいろな恩恵を受けながら、特に先人からの伝統と文化という知識と知恵をもらって生きているのだと私は思っていますが、いかがでしょうか。

このような発想を、その元から考えますと、自然に先祖、老人、父母、先輩を敬い尊敬する、人のために尽すという、純粋な心が生まれてくるのではないでしょうか。昔から伝えられ、また引き継いできた文化、すなわち今あなたの頭に入っている多くの、あらゆる知識と知恵を持っていることに感謝の心を持ちながら、生きていきたいと思います。

私はマクロ的に人間の生い立ちの歴史を学び、その中からミクロ的に一つひとつの知識の歴史を考えて見たいと思います。すなわち、この地球上に人間が生まれて現在までの歴史の総論は、多くの方が分かっておられると思います。しかし、お米は、パンは誰がどのようにして考えて作ってくれたか……と各論になれば、どれだけの人が理解しているでしょうか。それを原点にした考えを持っていたならば、いかに先人たちが素晴らしい現代文明を築いてきてくれたか、感謝の気持ちが湧いてくるのではないでしょうか。

たとえば、現代、建物を作るにしても何を作るにしても必要な〈鉄〉のルーツを考えてみたいと思います。鉄の生い立ち、すなわち宇宙の歴史、世界史、日本史、近代史から、鉄鉱石が宇宙でどのようにしてできてきたか……。誰が鉄鉱石を発見し、誰がどのようにして硬い鉄を知り、そして鉄にする製法を考えて作ったか……。その製法を今の大量生産にまでに作り上げたのか……。また、この硬い鉄のメリット、デメリットは何か……。この〈鉄〉を何に使ったらよいか等々、この今の私たちから見れば何の不思議に思わない、いろいろなところで使われている〈鉄〉ですが、今改めて〈鉄〉のできたルーツを考えてみたら凄いと思いませんか。

このような考えの上から、現代に生きている私たちは、この〈鉄〉をもっと大量に生産のできるプラントを、もっとより良い〈鉄〉を、もっと硬い鉄、あるいは柔らかい鉄、熱に強い鉄等、いろいろな鉄を、いや、もっと鉄より環境に優しい物質を作るように私たちの子孫のために探究していくべきだと私は思います。鉄そのものを作る考え方、鉄の発見から、いかに大量に作るか、もっと良い、酸化されない長持ちする鉄を作るとか、その反面、その鉄の長所を生かして何に使うか、と考えると可能性は無限にあると思いますし、さらに鉄のリサイクルを、また数多くの鉄の利用価値を見つけていくか……と、私たちは考えていくべきではないでしょうか。

現にナノテクノロジー（一〇億分の一の超ミクロの世界）の技術によって、今の鉄より硬く、軽く、数限りない特色を持ったカーボン製品が開発されつつあるそうです。

今、この世に存在しているあらゆる物質を、知識を、私たちの手で再検討して、有限の物質はリサイクルにて節約し、限りなく前進する人間の知識によってできる便利さ（幸せ）と、反対の破壊（公害）など、良いもの、悪いもの、現代に適したもの、適さないものを踏査し、単に過去の戦争などで人間同士で殺し合うことが悪いと言うだけではなく、いかにして戦争になったのか、また、戦争を回避することがなぜできなかったのか、戦争になったプロセスを考えて後世に伝える責任があるのではないでしょうか。

それと両刃の剣である原子力然り……。エネルギー確保の有効利用、反対に放射能汚染による人類滅亡の危険性。そして、人体に害があるダイオキシンやPCB、フロンガスによるイオン層の破壊等、それらの有害物質を作った反省。人間の生活を豊かにするために科学の進歩があるのに、一方でその科学が人間の限りなき欲望を満足することのみの追求に走り、その科学の進歩により人間が不幸になるというギャップを考えるべきではないでしょうか。

先輩たちが作ってきてくれた素晴らしい文化と伝統に、現在の私たちが考えている知恵で、より良い文化を加えて、また悪いところを削って、素晴らしい文化と、人類の幸福に寄与している遺産を、私たちの子孫に引き継いで、残していってやりたいと思います。地球上に現存している生き物は自分たちが生きていくのに適した環境を作り上げてきたし、これからも、より良い環境を作っていくべきでしょう。

このことは、この地球上に生きているあらゆる動植物にも当てはまると思っています。それが進化であり、各生き物は自分たちが住みやすいように、形を変えながら、また場所を変えながら、食べ物を変えながら変化して生きてきたし、学習してきたことを子供たちに教えながら、子孫を護ってきたのではないでしょうか……。

ダーウィンの進化論に書いてあるように、地球上の生き物は厳しい自然に合うように変化しながら生き延びてきているのではないでしょうか。

たとえばワニは爬虫類の一種ですが、昔は陸に棲んでいたと思われますが、暑いところにいましたので、体を冷やすために水の中に棲むこともできるような体になってきました。

食べ物は他の動物が水を飲みにきた時に、素早く水の中から噛みついて取ることを自然に考えてきたのだと思います。この自然の摂理を子供のワニに昔から教え、受け継いできたからこそ現在でも生きてこれたと思います。

生ある、どんな動植物でも進化しながら、また先祖からの慣習を受け継ぎながら、自然に生き長らえてきたと思います。自然の摂理というものは偉大な力であって、自然に背いた行ないから自然体に戻すには、大変な力が必要になると思います。

小さな事例では、たとえば大自然で生きている小鳥は、本来ならば自然の森の中で虫を、木の実を取りながら羽ばたいて飛んでいます。卵から孵《かえ》った小鳥を人間が鳥籠の中で餌を上げながら飼っていたとします。この小鳥は籠から放して自然に戻してあげて大自然に羽ばたく自由を得ても、この小鳥自身で生きていくことは多分無理でしょう。自然界で生まれた小鳥は親鳥から餌の取り方から、危険なことから逃げる方法等を教えられながら、そして小鳥は小鳥なりの知恵を受け継いでいきながら品種を維持して生き延びてきたのだと思います。親鳥から生きていける知恵を教えてもらえない限り、この小鳥は多分一羽では生きていかれないでしょう。

人間も然り、大昔の人類から進化しながら、また知識と知恵を駆使しながら、農耕を考え、狩猟を考えて、自然体の中から、人の手を使った生産の時代へ変革しながら生き長らえてきたからこそ、現在の伝統と、文化を持った素晴らしい人間社会が現存していると私は思いますがいかがでしょうか。

この進化の波に乗れなかった動植物は淘汰されていて、現存しているあらゆる生き物は進化しながら生き長らえているのではないでしょうか……。万物の霊長と言われている人間も、この進化に乗り遅れたり、自分自身の知識を過信したならば、この世から消えていってしまうのではないでしょうか。

ちょっと自然界を考えてみましょう。不良廃棄物を大量に作り、また掃き出しているのは人間だけではないでしょうか。アフリカなどのサバンナの弱肉強食の世界で、百獣の王であるライオンでも、絶対に生きていくために必要以上の動物殺生はしないそうです。また、ライオンの食べ残した餌はハイエナやハゲワシが食べてしまいます。最後に残ったものは土に還り植物の肥料になります。

例外はありますが、動物は酸素を吸って炭酸ガスを吐き出しています。植物は炭酸ガスを取って酸素を出しています。微生物は動植物の要らなくなったものを土へ、または水へ還し、昔から暗黙の素晴らしいリサイクルを作っていったのではないでしょうか。

しかし我々人間はどうでしょう。自分たちの便利さ、幸せ、享楽等、多くの欲望を追求するあまり、かえって自然界のバランスを破壊し、自分たちの身を滅ぼしていっているのではないでしょうか……。

大きな事例では、消費は美徳と言われてきた挙句のゴミの山。原爆による地球の破壊。原子力エネルギー依存からの放射能汚染によるガン患者の増加。人間が求める元気で長命の原点である医学の方では、抗生物質や抗菌剤の発達による耐性菌の反逆。大気汚染の挙句にオゾン層の破壊による地球の温暖化等、一旦壊れた自然を元の大自然に戻すには大変なエネルギーが必要になるのではないでしょうか。ドロドロした大河に私たち一人ひとりの清らかな小川の清流を流し入れて、少しでもまともな綺麗な大河にしていきたいものです。しかし人類の発展のためには、これからも発明、発見、発展は必要です。知識、知恵のある人間です。必ず自然と共存共栄ができる接点を見つめながら生きていくことができると思います。

そこから、人間に生まれてきた時から、人間としての次の世代のために、良い伝統と、文化を残す責務を受け継いでいかなければならないと思います。マインド、またはモラル・ハザードとか、ボーダーレス時代という言葉を一字でも少なくして、全人類が手を取り合って、自然と、また人間同士が仲良く生きて素晴らしい未来を築いていこうではありませんか。あなたの知識と知恵で、製造（今生きている人間のためのもの作り）と、創造（次世代の人間のためのもの作り）の二つの「造」を大切にしていきたいと思います。

二、未来への責務

本項は前項の延長線になりますが、未来の人、子孫のために、すなわち、現在の私たちよりも後輩の自分の子供、孫、その先の人類が幸福な生活ができるように、平和と伝統、文化を維持、発展させるために考えていけるような人間になっていきたいし、人間として生まれてきた以上、一種の義務であると考える人が一人でも多くいて欲しいと思っています。最近特にこのような考えの持ち主が少なくなってきたように思えますが……。

個人主義（自分もかわいいが、相手のことも思いやる心）を、利己主義（自分だけよければ他人はどうなってもよい。端的な例として自分の欲望を満足させるために簡単に人を騙したり、殺したりする傾向）と勘違いしている人々がいるのではないかと思います。

人間は一人では決して生きていけないと思います。憲法にも書いてあるように、国民は基本的人権を擁し、平和で幸せな生活を送る権利を認められています。しかし一二条、一三条には、公共の福祉に反しない限り尊重され、常に公共の福祉のために利用する責任を負うことと、謳ってあります。これはあなただけが擁護されているのではなく、あなたの周りにいるすべての人に当てはまるのです。

前項でも書きましたように、人間あなた一人だけでは生きていけません。先祖の人から、また、今のすべての人から何らかの恩恵を受けながら、互助の精神の上で生かさせてもらっているのだと思います。

大昔に、人間として初めて、この世にあなただけが生まれて来たとします。あるいは、誰もいない孤島に、もしあなた一人で生きているとします。また、航空、船舶事故などで孤島に一人で流れ着いたと考えてみましょう。自分の周りに他人が誰もいない、また生きていくことを教えてくれる先輩もいないと思った時、まず自分の意思を表現する言葉、数字、食べられる食物、何にも分からないことばかりです。何の不自由もなしに、今あなたが生きていけることは、端的に考えて、あ、い、う、え、お、の言葉から、一＋二＝三となること、そしてＩＴ革命の現代まで、歴代先祖の恩恵の上に成り立っているのではないでしょうか。そして　孤独感、寂しさからくるストレス、食欲を満たしてくれる満足な食べ物の不足（自然食オンリーの自給自足の食事）等で、どんな生活ができるでしょう。

今のあなたには、お米を作ってくれるお百姓さんが働いてくれるからこそ、毎日美味しいご飯を食べさせてもらえる。漁師の方が命を懸けて海に出て魚を採ってきてくれる。それで美味しい刺身を食べられ、また美味しいお寿司をいただける。

人間社会はかように、互助社会の上で成り立っているのであって、各自の本分の仕事の度合いにあった報酬を恵まれながら、お互いに助け合っていくべきではないでしょうか。

人間として生きていくには、それなりのルールがあるのではないでしょうか。最低のルールは法律ですが、その他に、人間が社会生活していくためには、人同士のお付き合いというルールも大切だと思います。お付き合いのルールにも、グローバリゼーションの現代では、世界中の国々とのお付き合い、しかも文化、仕来《しきた》り、考え方、その他によって……。また、身近な日本国内においても、各地方によって、県によって、町によって、家の家風によって違ってきます。そのお付き合いの基本から、お互いが理解し、その仕来りを尊重し合い、認め合ってこそ、和が生まれてくるのではないでしょうか。

大袈裟に言えば、この付き合い方が分からないためから起こる国同士の争いをはじめ、私たちの身近なことでは、お祭り、冠婚葬祭、中元、お歳暮、日本の正月、成人式等々、自分の身の周りの文化として考えたら、切りがないほどあります。

このような素晴らしい文化・仕来りを次世代へ伝え送る責務が今の大人にはあるのではないでしょうか。そして、私たちは未来の人類の、ためになるようなものを一つでもよいから余分に残していきたいものだと思っています。

三、時間を大切に、今を一生懸命に生きよう

生まれてきた時から、私たちの一生の時間は決まっているように思います。どんなに生きても何百年も生きてはいけないのです。

一年、一日、一時間、一分、一秒の時間は必ず過去になります。どんな大きな国の王様でも、どんなに大金持ちの人でも、過去の時間は絶対に二度とは戻ってこないのです。時間をリセットすることはできないのです。このような考えから、今、この瞬間の尊い時間を精一杯に生きていきたいと思います。そして、人間として自分の心に恥じない行ないに

徹しながら……。

今、この瞬間にもあなたの人生の残り時間は、時計のコチコチという秒針音とともに確実に少なくなっているのです。その尊い時間を少し考えて見たいと思います。

①今をゼロとしての、過去の時間と未来の時間

老若男女を問わず、これからの人生は今から始まります。今まで生きてきた人生を振り返りながら、反省と経験を生かしながら、これからの自分の人生の精神的、経済的、対人・社交的（人とのお付き合い）、人間的（他の生き物ではできない趣味や娯楽）なことを考えながら良いライフ・プランを計画していったらいかがでしょうか。

②過去、未来を問わずに自分なりの無駄な時間と有意義な時間を振り分けて考える

一年前、五年前、一〇年前、五〇年前と、今私たちが生きている現代社会を見比べてみると、毎年、年を取る度に生きていく厳しさが増してきています。

社会構造や社会環境、人間関係の複雑さからくるストレス。そのストレスを解消するための心身をリフレッシュする時間（趣味、娯楽、家族との団欒）。科学の進歩からくる知識、

学問の探究のために必要な時間の増加。すなわち昔の人よりも、複雑な現代社会の渦の中で生きていくためには、より多くの時間が必要になっているのではないでしょうか。

なるべく自分のために有意義な時間を持つように心掛けていきたいと思いますが……。

③時間の売買と経済

過去の時間をお金で買うことは、どんなに偉い人でもできませんが、これからの時間は少しずつ買うことができるのではないでしょうか……。

そのためには、たとえば人が移動する時間短縮のために飛行機ができ、新幹線ができてお金で時間を買っていると考えていますが、昔は一ヶ月掛かって歩いていたところが今では三時間もあったらいけます。お金を出せばタクシーで短時間でいけます。

会社の決算書を考えても、人の頭の中での暗算からソロバンへ、計算機からパソコンのエクセルで簡単に集計ができるようになってきました。これこそニュー・エコノミー時代だとか、ＩＴ革命（インフォメーション・テクノロジー）と言って、働く人の労働時間の短縮になり、余暇を人間らしいライフ・エンジョイに利用できるはずでした。本来のＩＴ革命によって得た余剰人員を、他のセクトへ配置転換で人間らしい社会を作るはずでしたが、リストラという都合のよい名で職を追われていった人がいるのではないでしょうか。

リストラとは、本来は事業などの再構築のはずですが、人員整理という一方向だけに向かってしまい、必要以上の失業者を作り、多くの家庭を崩壊させ、消費の不信、これもデフレの一つの原因にもなっているように思われてなりません。

少し横道に反れますが、現実、世の中では金融ビッグ・バンによってのバブル崩壊、経済のグローバル化によってのデフレ、そのために安価な輸入品によるデフレの加速と、その結果としての製造業の経営不振、設備投資の減少に伴うマネーサプライの減少（名目は多いものの借り手がいない）、はたまた、それによる資産デフレ（土地や株等）、担保物件の下落による不良債権の増加。それによる金融界の不安定さ。貸し渋りや貸し剥がしの増加。

一方前項でも書きましたIT革命からくる余剰人員に対するリストラ。不況からくる会社の倒産解雇。会社自体の存続のために経営革命、その一環としての人件費削減と労働賃金のカット。それらを補うためにアウト・ソーシングで必要な時に必要な人員の確保の容易さ、ワーク・シェアリングによる労働時間の短縮、労働者の実質賃金低下。平和な豊かさのなかでの生活の不安定、不透明時代ということに、時代は変化しつつあるのではないでしょうか……。

以上見てきましたように現代社会は、特に経済界は当分の間は不透明だと思います。このような不安定時代を乗り越えるためには、各自の余った時間を、自分自身が自分のためにいかに有効な時間として、上手《うま》く使えるか考えるべきだと思います。たとえばサイドビジネスを考える、あるいは自分に付加価値を付けるために、自分自身に投資してみたらいかがでしょうか。将来の不透明な世の中を考えながら、良きライセンスを取り、人様より一歩でも二歩でも先に歩けるようにしたいと思いませんか？　あなたの現在の生活に満足していては、日々前進しつつある社会から取り残されてしまう、そういう時代になっていくでしょう。

何回も申し上げましたが、人生は一回だけで、今のあなたの時間と行動はすぐ過去のものになります。このような尊い時間を過ごすために、何事にも後悔しないように、先を見ながら一生懸命に生きて行かなければならないと思います。

大切な家族と一緒に過ごす時、働く時、勉強する時、遊ぶ時、寝る時、時にはボンヤリして心と体を休める時（これは怠け休みではなく、リラクゼーションと思えば次の思考と行動の原動力になると思います）、家事をする時、人のためになる時等……。特に子供たちと一緒にいる時などでは、大人が熱心に、一生懸命に生きていく姿を見せることも素晴らしい教育の一環ではないでしょうか。

時間を有効利用し仕事をバリバリとこなす人は、時にはセッカチな人だと言われがちだと思います。

一般的に世間では、よく、あの人はセッカチな人だとか、あの人は愚図な人だとか言われます。また、そのどちらでもない普通の人もいるでしょう。そして各々の評価も世間では適当に考えているのではないかと思っています。そこで私はちょっと立ち止まって、私なりにセッカチな人、愚図な人のメリット、デメリットを次のように考えてみました。

①セッカチと言われる人は、私の今までの経験上、いかなる仕事をさせてもバリバリ仕事をこなせる人が多いように思います。何事においてもやる気のある積極的な行動人間が多いように思います。しかし、あまりセッカチですと早とちりになったり、不正確になったり、大雑把な仕事になりがちです。

私自身も、少しセッカチ気味ですので、これからもこのマイナス面には気を付けていきたいと思っています。

しかし、政治、行政、会社等、あらゆる面において、状況判断、正確さに基づいた速い決断、速い行動のできる人が、今の社会には必要ではないかと思いますが……。この人こそ現代社会のニーズにあった人間ではないでしょうか。

②一般的に愚図と言われる人は、何事も慎重に物事を考える人で、どんなことをさせても仕事の結果は完璧にこなせる人が多いと思いますし、平素石橋を叩いて渡ると言われる方たちだと思います。この方には長所もたくさんあると思います。研究者、技術者の方や、手を使う正確さの必要な職業には最適だと思います。しかし、中には何をさせても駄目人間もいます。このような人間は長い一生の間ではいかほどのロスタイムを持つことでしょう。

③大多数の人は、何も他人から言われない普通の人だと思います。この人たちは、時と場所によってはセッカチに、あるいは愚図になったらいかがでしょう。長い人生にメリハリを付けて、上手に時間を使ったらいかがでしょうか。

しかし、時間のことばかりあまり難しく考えていると、生きていけません。時間はいつも頭の中に入れて考えておくことではなく、自分が行動を起こす前に、この自分の行動は良いことだろうか、悪いことだろうか、時間のロス（早トチリによるやり直し等）はないだろうか……と自問の念を思い起こすぐらいに考えていたら良いと、私は思っています。すなわち、自分で納得のできる時間をなるべく持ちたいと思いますし、自分の行動に善・悪のメリハリを考えていきたいと思っています。これだけで一生の内でどれだけ有意義な時間を持つことができるでしょうか。

タイム・イズ・マネーと言われるように、私はお金と時間はよく似ているように思っています。お金は一円が基本になって、一〇円、一〇〇円、一万円、一千万円となっていきます。時間も一秒、一分、一時間、一日、一年となります。両方とも各人の使い方によって値打ちが変わってきます。どちらもよく考えて使っていったならば、年月が経つにつれて有効に格段の差がついてくるでしょう。

一般に人間社会が豊かになるということは、人間各自が、一回だけの自分の人生が有効かつ有意義な自分自身の時間をいかに持つことができるかと、各々自覚してもらうことが大切であると言っても過言ではないでしょう。

今の社会構造では時間のロスをいかになくしていくかが、重要です。一人ひとりの時間短縮でいかに能率を上げるか、生産性を上げるかの方法として、情報伝達の手段として、ＩＴ機器による情報、通信の発達。生産工程ではパソコン等を使って、またロボット等の研究による無人化、ジャスト・イン・タイム等の導入によっての生産性の向上。流通関係では、高速道、航空機、水中翼船の改革による大量輸送等、いろいろなところで社会の仕組みが変わっています。これからはもっと急速に変化していくでしょう。個人はもちろん企業も、時間に対する生産性を重視する方向へ向かうことでしょう。

一方、自分の身近な人間関係のための尊い時間も大切にしていきたいと思います。自分の癒しの時間として、親や夫婦、親子の縁の絆を、そして友だち、先輩、後輩等の良き関係を大切にし、今、自分の周りにいる人や、出会う人は、なんらかの縁で結ばれているのだと思います。出会うことなく、言葉を交わすこともない人の方が、世の中にははるかに多いのです。そんな中で、一生の内で、出会い、知り合い、言葉を交わし合う人というのは、ほとんど奇跡のようなものです。

私は特に人と人との絆を大切にしたいと思っています。たとえば、親子、夫婦、あるいは兄弟で喧嘩をした時などに、私たち親子は、夫婦は、兄弟は、後何年一緒にいられるだろうと考えると、自然に喧嘩などしないで仲良く助け合える、愛に満ちた家庭になっていくと思います。このように偉そうなことを書いていますが、私の親族の間でもお付き合いが上手くいかない時もありました。それはそれなりの理由がありましたが、言うは易く、行なうは難しだと思います。

また大きく言えば、日本人同士の絆もあると思います。海外旅行にいった時など、まさかこんなところで、というようなところで日本人に合ったり、オリンピックなどで日の丸の旗が上がった時など、普段は格別意識していなくても胸がときめき、自分自身の中にある愛国心に気付かされます。

四、あなたのちょっとした考え、行動が人のためになる

私は自分の可能な限り、社会のために、人のためになることをしていきたいと思って、これまで実行してきたつもりですが、世間では世話好きな人だ、目立ちたがり屋だなどいろいろなことを言われてもきました。しかし、そのようなことを言う人ほど他力本願で、自分から進んで何か行動を起こすことをせず、他人が作ったレールに何時も乗らしてもらっている人だと思います。また、何でも誰かがやってくれるだろう、作ってくれるだろうと、人任せにしているのではないでしょうか。そのような人ばかりの社会だったならば、

この世の中はどうなるでしょう。たとえば同好会などを作る時、世話人がいなければできません。幹事になって世話をする人がいなければできません。世の中には、率先して行動を起こす人も必要なのです。

私自身、社会に世話になっているわけですから、一生懸命に生きて、少しでも社会にお返ししていければと考えています。この本に書いています例が、私事で多少手前味噌になっていると思いますが、誰でも、ちょっと自分の考えを変え、それを実行すれば、生き甲斐のある人生を、人のため、社会のためになる、張り合いのある人生をお互いに送れるようになるのではないでしょうか。そのようなことが今の時代にマッチしているかどうかは別にしても、戦中派の人間の意気込みを知ってもらいたいと思って書いてみました。

私の場合、まったくのボランティア組織である交通安全協会で年数回、交差点で制服を着てドライバーの街頭監視活動をしています。午前中三時間、午後三時間の合計六時間します。普通はテントの中で座っていればいいのですが、私はその六時間を大切に、また有効に使いたいと思っています。ですから私は必ず街頭に出て笛を精一杯に吹いております。私は慢性気管支炎で医者にかかっていますが、排気ガスの多い交差点で、この私の笛を聞いて、一件でも交通事故が防げたら良いと念願しつつ、これからも続けていきたいと思っています。それは自分の人生の中の尊い有限の六時間を有効利用したいからです。

昔の話になりますが、三〇〜四〇年前の車はよく故障をしました。キャブレターの詰まり、プラグ未掃除のための発火不良、バッテリーの上がりなどで道端で止まっていました。そういう車を見ると、私はよほど忙しい時以外は必ず私の車を止めて修理をしてあげたり、充電をしてあげて助けてきました。特に真夜中などは大変喜ばれ感謝されたものです。中にはお礼としてお金を出される人もいました。そういう時、私は必ずこう申しました。あなたの気持ちはよく分かりました。それでは、あなたの今のその感謝の気持ちを私に下さい。そして、あなたが今思っておられる感謝の気持ちを、これから先にあなたが他人様に対して、三人でも四人でもいいからボランティアをしてあげて下さい。あなたが助けてあげた人が、また他の三〜四人の人にそのような良いことをしてあげたならば、またその次の人にと善行が増えていき、この世の中は多分温かい素晴らしい社会になると思いますがね……と言ってあげてまいりました。

そうすると皆さんは必ず、そう致しますとおっしゃっていかれます。私にとっては何のかかわりもない他人様に、自分の大事な時間を費やしたのですが、しかし、社会のためには尊い時間だったと思っています。

誰もが、ちょっと考え方を変えるだけで、社会のためにいろいろなことができると思います。

桜の紋が入った交通安全協会の役員バッジを常に着けています。そうしますと、よく言われます。オッチョコチョイだとか、目立ちたがり屋だとか。あんなバッジを着けていい気になっているとか……。しかしこのバッジは私の善行を助けてくれる絶好の小道具になっています。その例を二、三ご紹介します。

①私の家の傍には大原交差点という、甲州街道と環状七号線が交わる大きな交差点があります。南北は八車線、東西は六車線で平面交差のために横断歩道の道がとても長いところです。信号も変則のために、お年寄や身障者には渡るのが大変です。特にお年寄は、時として渡り切るまでに赤信号になってしまい、交差点の中央で立ち往生して震えている場面をよく目にしたりします。そんな時、私は交通の腕章と笛を出して、慌てず、自動車の追突事故と、自分の身の安全を確かめて、的確な状況判断の上、笛を吹きながらお年寄の手助けをしてさしあげています。これまで大勢の方からお礼を言われました。バッジを持っているために笛と腕章を常に身に着け、そして人を助けることができると思っています。

その他、一通違反、バイクの歩道通過など、相手をみながら優しく注意していますが、私のせいで大事故にならないように、親切がお節介にならないように、最大限気をつけてもいます。私も年をとってきましたので、これからはやめるべきだとも思っています。

ある私鉄の駅でのできごとです。大きな荷物を持ったおばあちゃんが階段の下で立ち止まり、長い階段の上を向いて溜息をついておりました。多分田舎から息子にでも会いにきたのでしょう。私は手ぶらでしたので、近寄って、荷物を持って上げますよと言って、荷物に手を掛けました。ところがそのおばあちゃんは血相を変えて、「何するのよ」と言うなり私の手を払い除けました。

私はビックリしましたが、きっとそのおばあちゃんは、都会は怖いところで何をされるか分からないと言われて、気をつけていたのでしょう。そこで私はバッジを見せて、泥棒ではないよと話し掛け、了解を取ってその大きな荷物を階段の上まで一緒に運んであげました。日本国民全員が人を信じられない哀れな国民になってしまったのか、人を信じられない世の中になってしまったのか……このおばあちゃんは帰り際に私の手に千円札を載せて、無礼なことをして悪かった、と謝っておりました。もちろん私は一銭たりとももらわずに、おばあちゃん、これからも気を付けるんだよという言葉しか言えませんでした。本来ならば、もっと人を信じなさいと言って上げるべきだと思いましたが、人に騙された苦い経験でもあるのでしたらと思い、言えませんでした。
あなたなら、どのような言葉を言って上げますか？　バッジがあったお陰でこのおばあちゃんを手助けをすることができました。

②私の部屋にいろいろな方たちからいただいた感謝状が飾ってあります。しかし一枚も自分から欲しがったり、欲しくてボランティアをしてもらったものはありません。けれど、私の家を訪れた人の中には、こんなものを見せびらかしてと、批判がましい目で見る方もいらっしゃいます。

私の本当の目的は、この感謝状を見て下さることによって、私が口だけの人間ではないことを知っていただきたいからです。それを見て、改めて私を信用して下さり、ある人は家庭内の細かいことまで話され、相談を持ち掛けられることもあります。

人のためになることをするには、信用されて初めて可能なのではないでしょうか。あなたも、信用していいかどうか分からない人には相談しないでしょう。初対面の人に、言葉でいくら説得しても、大風呂敷な誇大宣伝の人だとか、口で言うことと実行とが全然違う人だとか言われるのがオチです。そんな時に、飾ってある感謝状がある程度の信用のバロメーターになってくれるのではないかと、私は思っています。

この世の中、人それぞれ考え方、解釈の仕方が違います。しかし私は、自分でよいと思ったことは、実行していきたいと思っています。しかも頑《かたく》なにならず、頑固にならず、人に間違いを指摘され、それが間違いだったと分かれば素直な気持ちで訂正していくことも大切なことだと思います。

③間違った心を正していって上げることも本人のため、社会のために必要ではないかと思っています。その例を一つ書いておきたいと思います。

もう三〇年以上前のことです。私のアパートの一室は、ある会社の寮として契約されていましたが、そこに独身の社員が入ってきました。もちろん、賃貸契約は会社としていました。一年ぐらい経つと、その社員の部屋の周りには一升壜やらビール壜が所狭しと並ぶようになりました。アパートの他の住民から、大家である私のところへ苦情がくるようになったので、私は早速本人に会いにいきましたが、何回出向いても会えません。仕方なしに契約者の会社にいきました。ところが、その社員は会社をクビになり、現在は無職になっているそうです。会社側が言うには、お酒の飲み過ぎ、無断欠勤、給料の先渡しで困っていたとのことです。そこで私は契約者の会社に賃貸契約の解除と部屋の明け渡しを申し入れました。しかし会社はクビにしたのだから、本人と話し合ってくれとのことです。その月から家賃は滞納ですし本人も留守です。

何ヶ月か過ぎて滞納家賃が四〇万円近く溜まり、本人に会ってもノラリクラリの返事で解決の糸口が見付かりませんでした。とうとう弁護士に頼むことになりました。弁護士が言うには、裁判するより（六〇万ぐらい掛かる）このまま黙って出ていってもらった方が得ですよとのことでした。私はいくら掛かろうが徹底的に争ってでも全額とって欲しいと弁護士に申し上げました。ここで私が折れたならば、このような人間はまた味をしめて次に借りた大家さんを泣かすことになるし、悪いことをすれば結局損をするということを教えてやらなければ、悪者が蔓延《はびこ》る社会になると思いました。結局トータルでは損をしましたが、彼からは滞納家賃全額を頂戴致しました。

正義を貫くためには反社会的な事柄に対して、毅然とした態度を取ることが犯罪者を少なくする原点ではないかと思います。悪いことに対しては、絶対に逃げ得にはならない、世の中はそんなに甘くないことを教えるべきではないでしょうか。

最近は青少年の万引きが流行っているそうです。一方で、店のレイアウトを工夫するとか、犯罪防止のセーフティーネットをもっと考えてみて欲しいと思っています。まるで、万引きをして下さいと言わぬばかりの陳列をしている店をよくみかけます。つい出来心で手を出す、成功するスリルを味わえる、その味を占めてまた万引きする、簡単にできるために友だちに言う、最後には犯罪という感覚がなくなり、成果を争うゲーム感覚の犯罪集団になってしまうのではないでしょうか。誰も見ていないから悪いことをしなさいと誘導するような二四時間営業店やコンビニの経営者の方、その他お店を経営していらっしゃる方にお願いしたい。たとえば極端な例かもしれないですが、無人の部屋に一万円札何枚かを、盗んでもいいですよと言わんばかりに乱雑に置いておきます。平素は真面目な青年で悪い行為と分かっていても、魔が差して自分のポケットへいれる者もいるのではないでしょうか……。一万円札を財布に入れてしまっていたならば、犯罪者を作ることがなかったのではないでしょうか。目を開けてよく考えてみれば、自己中心的で利益のみに走る企業、視聴率のみを気にして、反社会的な報道でも平気で流すメディア、出会い系サイト等、問題点がたくさんあります。前途ある純良な青少年を、犯罪者に仕立てない工夫を社会全体の問題として考えて欲しいと思っています。

その反面、良き社会、思いやりのある社会を作るためには、一人ひとりの人間に思いやりの心さえあれば、自分の身の周りには善行の源がいくらでもあるのではないでしょうか。ほら……あなたの傍にも……。

戒め

自己ＰＲも現代社会では必要ですが、自分の実力以外のＰＲは他人様より顰蹙《ひんしゅく》を買うだけの結果になるだろうと思います。パフォーマンスと受け止められたならば、本来の目的と異なった、反比例したＰＲになるのではないでしょうか……。

世話になったらお礼を言いましょう。

人の恩を忘れない人になりましょう。

そんな、今の世の中で忘れられつつある心を取り戻しましょう。


一般的に、人間どうせ死ぬ、どうせ死ぬのだったら、精一杯自分のやりたいことをして生きていきたいと思っておられる方も多いと思います。自分の作品と名声を後世に残していかれれば、それが、人間として最高の生き甲斐となるのではないでしょうか。政治家、建築家、画家、作家、宗教家、科学者、医学者の研究による発明、発見、その他人類のためになった諸々の行ない、貢献をした人々。

「プロジェクトＸ」というＮＨＫテレビの番組で紹介されている人たちには、いつも敬意を持たされます。自分たちの努力によって、多くの艱難辛苦《かんなんしんく》を乗り越えて、丹那トンネルを、テレビ塔を、瀬戸大橋を完成させていった人たち。その他、人類のためになる研究、発見に関わってこられた方々には頭が下がると同時に、男として命を懸けた仕事、それをなし遂げた人たちに喝采してあげたいと思います。

　多分本人たちは、人類のために仕事をするのだという希望を持って精を尽し、同時に自分の力の可能性を試し、完成させた満足感で一杯だと思います。また、当時の一般国民もどんな素晴らしい完成品ができるか期待をしていたことと思います。このような後世まで残る国民的大事業に参加された方々は、その人生の中でそのようなチャンスを得られたことは何と幸せなことだろうと思うと同時に、羨ましくも思います。私も男として生まれて来た以上、世のためになる、後世に残る仕事をなし遂げてみたかったと思います。しかし、その能力、チャンス、実行するバイタリティーも私にはありませんでしたが、小さなことでもいいから、一つでもいいから世のためになってあの世にいきたいと思っている昨今です。これも能のない私の希望の一つです。

　いろいろな形で、世のために尽しておられる人々が世の中には大勢いらっしゃいます。各自自分の信じている道を生きていっていいと思いますが、共存社会の人間として、ルールの本質だけは忘れずに持って欲しいと思っています。

この世に生まれて来て、そして死ぬまでの限られた尊い時間を、自分のため、家族のため、社会のため、地域のため、国のため、ひいては世界人類のために、自分の尊い時間を少しでもいいから働いていきたい。自分の生活に支障のない限りにおいて、尽して上げられる人になりたい。今の社会の基礎を作ってくれた先駆者、ボランティアとして世界中で働いている人々、その他、人のために働き尽している大勢の人々の万分の一でもと思っています。

人間には意識して行なう行動と、無意識の内に行なう行動があると思います。平素善悪の行動を意識して重ねていく内に、無意識の行動の中にも自然に善悪の行動の判断ができるようになるのではないでしょうか。JR中央線大久保駅で、一人の人間の命を救うために二人が、その尊い命を亡くした事件がありました。犠牲になられた方々は自分の身の安全も忘れ、助けなければという無意識の内に出た行動だったのではないかと思います。本当に痛ましい出来事でしたが、命を落とされたこのお二人の人柄が偲ばれます。

私は自分の人生のシュミレーションを描き、また自分の人生の終末の時を時々想像しています。交通事故で即死かしら、お節介役だからナイフか何かで殺されるのか、ガンで苦しんで死ぬか……いや、普段、自分の心の中で思っているセオリー通り、畳の上であの世にいきたいと思います。多分何日かは布団の中で部屋の天井を見ながら自分の生まれて来た時より今の死の近づいた時までのことを、走馬灯のように振り返ることでしょう。その時に、頑固で、凡人な私ですから、多分後悔することばかりで、あの時もっとこうして上げたらよかったのにとか、ああすればよかったのにとか、いろいろ考えると思います。その時に一つでも後悔が減るような行ないをしておきたいし、その反面、閻魔様の前で胸を張って言える善行を、一つでも多くしていきたいと思っています。

私はいろいろな会に関わらせていただいていますが、ある会の運営のことで、私は私なりにいろいろな案を一生懸命に考えて提案してきました。頭を使い、尊い時間を費やした提案事項が、一部の権力者によって審議もせずに没にされたことがありました。せめて会議の席で審議ぐらいして欲しかったと思いました。何の案も出さないノンポリの人や、イエスマンが多いのに、この会をよくしたくて一生懸命に考えてきたからこそ悲しかったのです。このようなリーダーの運営では会の発展は望めないと思いました。しかし、認めてくれていた人もいたのです。その後、私の案は認められました。

いろいろな会で、役員、会計、監査を仰せつかる中で感じることは、特に男性はアバウトなところが多いように思われてなりません。男性社会では太っ腹がよしとされる傾向があり、他人の仕事に意見を言ったり、ケチを付けたり、重箱の隅を突付くような細かい人はタブー視されてきました。

その結果のいい例が、外務省の機密費漏洩問題であり、厚生省の福祉施設建設に対してのワイロ等、数えれば限りがないほどの官公庁汚職問題です。

他人のこと、特に同僚のことに対して口を出さない、監査もいい加減にしてきた結果ではないでしょうか。私から見た多くの一般社会は、自分の在職中はトラブルがなく穏便に過ごしていけばそれでよしという雰囲気が多いのではないでしょうか。このような人が多い組織では、何事においても前向きなチャレンジ精神がなく、進歩・改革のない、マンネリズムな社会になるように思えてなりません。

私も今までに、会計監査などでお金が絡むことや、関係者の信用問題になることなどで、真面目な監査をしたり、意見を言ったりすればするほど、嫌な雰囲気、嫌な気分になることが多くありました。この世の矛盾の縮図の一端ではないでしょうか。一般会員からはあの人が監査ならば安心と思われています。一方では男の癖に細かい、うるさい男だと言われてもいるようです。私は自分の信念において解決してきた積もりですが、いろいろ言われて、正直、まいったこともありました。

時に、他人のために働くことが嫌になることもありましたが、そんなマイナス思考の考え方を一つ書いておきます。

ボランティア等で、少しでも世の中のためになることだと思ってお受けした仕事を、一生懸命にしています。しかし真面目にすればするほど嫌になる時があります。

たとえば、先述しました交通安全協会のことです。交通事故をなくすためにいろいろな場所で一生懸命に笛を吹きます。その私の姿を見て、ある人は「道路の真ん中に立ってデシャバッテ、いい気になって笛を吹いているよ。目立ちたがり屋の人だ」と。またある人は「あいつはあんなことが大好きなのだからさせていたらいいんだ」等々とよく言われます。

地元のお祭りの時、お葬式の時、子供会とか町内会等のイベント等数多く奉仕の積もりでお手伝いをしています。私の性格ですから一生懸命に笛を吹いています。そんな自分がなんだか悲しきピエロに見えてくることもあります。

このようなボランティアの会に最初から入らない人、会に名前だけ載せて出てこない人、出てきても何もしない人、出てきて一生懸命する人等、いろいろな人がいますが、あなたはどう思いますか？

すべての人が利己的に、自分の利益追及にのみ走ってしまったら、どんな荒廃した社会になってしまうでしょう。現代社会のいたるところに矛盾があります。これからも私は、誰に何を言われようと、負けずに頑張っていきたいと思っています。

腐るな、見ている人が必ずいるものだ。だから私は、人のためを考えていくお人好しに進んでなろうと、自分自身を鼓舞し慰めてきました。デシャバラナイで自分が必要でないと思われるところで仕事をするより、是非必要だから私たちの方で手伝って自分が必要というような、皆様に喜ばれるところでボランティアをした方がいいのではないかと、最近思っています。

長い一生です。自分で世のためになる積もりで善しとしたことが、反対に悪と評価された時の無念さ。この本を読んでいらっしゃる皆様もこのようなことが、実直な人ほど必ずあったと思いますし、また、これからも必ずあると思います。腐らずに頑張っていきましょう。これは、自分自身に言い聞かせている言葉でもあります。

そしてあなたも、頑固人間ではなく意志の強い、包容力に富んだ人間になって、社会のために尽していって欲しいと思っています。

頑固人間…………人の意見に耳を傾けずがむしゃらに自分の意志を貫く人。

意志の強い人間……自分の意見を通すが、人の意見にも耳を傾け間違いを正す人。

自分がこれぞと決めたことはなし遂げる意志の持ち主。この世のいろいろな誘惑に対して負けずに、自分自身に勝つ意志の強い人間でなければ何をしても成功しないと思いますが、いかがでしょうか。


世の中不安定で、マインド・ハザードの時代に、生活は豊かですが本当の幸せを感じられない人が多くいられるように思います。こんな時代こそ自分を律する精神を持つことと同時に、自分自身に自信と誇りを持って生きていきたいと思っています。

Going My Way.

次に、一生懸命に生きていく一つの考え方として、ちょっとした考え方でプラス思考になる例を書いておきます。

あなたの歩き方は速足ですか？　ダラダラ歩きですか？　私はいつも速足です。しかもなるべく足を高く上げて歩いています。理由は速く歩くことで時間の無駄をなくすことと、足を高く上げることで健康維持にいいという考えを持っているからです。自分の生活の上では、このような些細な考えでもプラスになることがたくさんあると思います。各自ちょっとしたアイディアを考えていったならば、長い間にはいいことと、悪いことをしてきた差が出ることは明白だと思います。しかし彼女とのデート、ショッピング等ではしないようにして下さい。

五、法律の上に人の道

人間を始め、命ある動植物の多くは共存共栄で生きているのではないかと思います。イソギンチャクと魚のクマノミの関係、大魚とコバンザメの関係、大木に寄生するコケやシバ類、サイやゾウの背中に留まっている鳥、サバンナで大家族で共同生活して助け合って生きているハイエナ等。

一方人間社会では、昔からの言い伝えの中に義理人情という言葉があります。親子兄弟、親戚、隣近所は仲良くして生きていきなさいと。特に義理とは他人様より助けてもらったならば、今度は助けて上げるのですよ……手を取り合って生きていくのですよ……人間同士の生きていく上でのお付き合いで、してもらったら、してあげる。このことが義理であり、人の情けであると思っています。この人間《ひと》の道を忘れたら、人間ではないですよと、このことは私たち人間に対する法律以前の、平和で互助精神の上にて生きていくためのルールであって、先人からの尊いお説教の一つだと思っています。

最近、法律に違反していないからいいではないか……このような言葉をよく聞きます。法律とは、私たちが人間社会で共同生活していく上での最低の守りごとであって、大勢の人が一緒に生きていくにはこの法律を守らなければ檻の中に隔離するか、罰金を払ってもらって罰しますよ……つまり刑事罰、行政罰ということだと思います。

しかし現実は、人間生きていく上での最低の守りごとの法律に違反する人があまりにも多くなり、昨今、その法律に照らしてジャッジする裁判が遅れているありさまです。

そして私は次のように思います。私たちはこの世に生まれてきてから死ぬまで、自分の周りの大勢の人と接し、また世話になってこそ生きていかれるのです。その中で、最低限守っていく上での、最低限のルールが法律だと思います。人間には法律の上にまだルールがあるのです。その上のルールとは、知識と知恵と判断力を持っている、他の動物になく、人間だけが持っている【人の道】という、心の中にある法律だと思います。

たとえば、寒い夜道で怪我をして苦しんでいる人がいたとします。そのままにしていたら必ず死にます。しかし法律では、この人を助けなくても殺人罪にはなりませんし、罰せられることはありません（自分に関係ある方だと保護者遺棄で罰せられますが）。しかし、普通の常識のある人間ならば、必ず助けて上げると思います。もしその怪我をしている人が自分だと思って下さい。愛する家族だったら、奥さんだったら、子供だったら……助けてもらったならば、あなたはどんなにか感謝するでしょう。この人の情けが人の道だと思います。

私は毎日のように車に乗ります。運良く何十年と無事故、無違反で乗っております。しかし、どんな人も車に乗っている以上、法律に違反しないでは走れません。私が今まで安全に走ってこられたことの理由の一つは、人間としての社会常識的な人の道で走行して来たからだと思っています。事故に遭いそうな危ない急所だけは特に気を付けて走行していきます。狭い道を通る時には、いつ、子供が飛びだしてきても大きな事故にならないように、また、裏道での出会い頭の事故等です。もう一つは、交通安全協会の役員になっている以上、絶対に自分の方の過失度の大きい事故だけはしないように気を付けています。交通安全協会の役員になっても何のメリットもないとおっしゃる人もおられますが、私は交通安全協会の役員という自負から、自分の心に安全運転を誓っています。この気持ちを持たせてくれたのが、私自身にとって役員になった大きなメリットだと思っています。

車の話のついでにもう一つ、交通のことで例を書いておきます。

広い道では制限速度は、大体四〇〜五〇キロです。法律ではそれ以上速く走ったらいけませんよ、となっています。それでは二車線の道路の真中を一〇キロぐらいの速度でゆっくり走ったとします。都内では法律には違反していませんが、その車の後ろに付いている運転手にはたまったものではありません。急いでいるのに、左の車線の車はスイスイと抜いていくのにと、イライラして事故の元になる可能性があると思います。

私はいつも思っています。この世の中には法律の上に、人間が生きていくための、人間として守っていくルールがあることを。この車の場合、初心者で運転に自信がなければ左車線によって、他の車の迷惑にならないように考えて走るべきでしょう。つまり、この世は、何でも法律、法律と言う前に、他人様に迷惑を掛けないように、そして人間としての常識という法律を持って生きていく、これが人の道であり、人間同士の潤滑油ではないかと思っています。

もう一つ気になっていることを書いておきたいと思います。それは高速道路の出口などで、左側の出口が混んでいる時など真面目なドライバーは左車線に沿って順番通りに並んでいます。ところが最近特に目に付きますが、真面目なドライバーが交通ルール通りに順番で並んでいる右側車線をスイスイと走り、先の方で割り込んでいく車が多いことです。車線変更の禁止の場所でないため、法律に違反はしてないのですが、何十分も真面目に並んでいるドライバーはどうなりますか……法律以前の、人間としてのルールを守っているのが馬鹿らしくなります。それならば、私も私もと、皆が出口に殺到したならばどうなるでしょう。交通標語に「譲り合いの精神」というのがあります。人間としてのルールを守っている人にはいい標語ですが、このようなドライバーに【どうぞ、お先に】とばかり言っていましたら、ますます悪賢い人間ばかりになり、正直者が馬鹿を見るような社会になると思いますが、あなたはどう思いますか……。

社会のためにも、自分の行為が反社会的だと分かっていての、利己的な割り込みを私は許しません。この世の中は譲り合いの心が必要です。初めての道で迷って入らせて下さいと言うようなドライバーの方には、どうぞともちろん譲ります。社会のためにも、正直者が馬鹿を見ないような、人間としてのルールを守る人間になっていきたいと思いますし、守っていくべきではないでしょうか……。

以上の例は極端かもしれませんが、人間社会で生きていく以上、今の自分、また、家族も必ず他人様から何らかの恩恵を受けながら生きているのだと思います。自分はお金をたくさん持っているから、お金で何でもできると思っている方もおいでだと思いますが、人の心までは、お金では変えられないし、買うこともできないと思います。人の心を変えたり、買うには、人の真心、人の道だと私は思いますが……。

その一手段として、お金に困っている人にお金を上げて助けてあげる、人の手を借りたい方には自分の手を差し伸べてあげる。この人の道を大切にしていきたい。特に最近は自分の快楽を満足させるために、弱者をいじめてまで金銭を欲しがる人が多くなってきたように思われます。最近のこのモラル・ハザード、またはボーダーレス時代をあなたはいかが思いますか？　原因は、責任は、政治か、教育か、親の躾か……考えてみましょう。

ちなみに、私の嫌いな言葉を書いてみます。

嫌いな言葉

a　そんなこと、俺には関係ないよ……他人様が死のうが生きようが、関係ないよ。俺さえよければ……。

b　今の荒れた社会になった責任は……社会が悪い、大人が悪い、政治が悪い、教育が悪い、貧乏人の家庭に生まれてきたから悪い、と悪いことは何事も他人様のせいにする風潮。しかし私は思います。何々が悪いのではなく、自分の心が悪いのだと……。

一般的な常識で考えた時、グローバリゼーションで、世界中の情報が寸時に分かる時代です。日本はどんなに豊かな国か、平和な国かは誰もが分かっていると思います。こんな平和で、自由で、経済的にも安定していて、安全な、生活しやすい素晴らしい国は他にはないのではないかと思っています。世界をみれば、貧困で、あるいは戦争で痛めつけられている国は数多くあります。家や親、子供を亡くして、食べ物や着るものまで失った、貧しい、悲惨な生活に追い込まれている人が大勢います。

今の日本は、平和と自由と豊かさに慣れっこになり、空気と一緒で、なくなるまで、実際に困る立場になるまで、そのありがたさが分からないようになってしまっているように思われてなりません。

敗戦の時の日本は、国中孤児で溢れ、食べる物もなく荒んだ最悪の環境だったと思います。しかし今のような、突然キレる人間もおらず、我慢と忍耐の連続でした。私は敗戦時小学六年生でした。当時の満州大連に住んでいました。終戦の時の生活は、今の若い人には想像もつかないようなものでした。皆そうだったのです。それでも今よりも人心が良かったと思っています。人情があったと思います。体一つで引き揚げてきて、無我夢中で働いてきました。その苦しい生活を頑張ってきたからこそ、今の自分があると思っています。

六、親切とお節介

親切とお節介は言葉の意味では相反することのように思われますが、私はほんの紙一重の違いだと思っています。人のために何かして上げる。その時何かしてもらった人がどこまでを親切と感じ、どこまでをうるさいお節介だと感じるかは、人によって感じ方が違うと思います。

他人《ひと》に何かをして上げて、相手から「ありがとう」と感謝されて、初めて親切になると思いますが、その親切も度が過ぎるとうるさい人だと思われ、お節介と感じるようになるのではないでしょうか。

ある老人家庭に食事を持っていく場合で考えてみましょう。老人ですので味付けの薄い、消化の良い、柔らかい栄養に気を配った食事ならばいいのですが、その反対に老人の口に合わない食べ物だったらどうでしょうか。行為自体は親切なのですが、しかし、もらった方はどう思うでしょうか。せっかくの親切をむげに断ることもできないし、そうかと言って若者向きの、脂っこくて固い、老人には食べることができないようなものを持ってこられても困ってしまいます。こういう親切はお節介になるのではないでしょうか。

人を助けようとする大切な親切です。決して押し売りにならないように、相手の身になって考え、自分の親切が決して相手の負担にならないよう、また、お節介にならないよう、相手から感謝される親切をして上げたいと私は思っています。他人様のために尽し、感謝される親切をして上げて、「ありがとうございました」とお礼を言われた時の清々しい気持ちを、一つでも多く重ねていきたいと思っています。

一人ひとり価値観が違います。相手にふさわしい、お節介にならない親切を常に心掛けて生きていこうではないですか。

しかし、新聞などを読んでいますと、時々感心する若者たちにも出会えます。たとえば、大規模な災害などが発生すると自発的に集まってくる若いボランティアの人たち、渋谷とか池袋のような繁華街で、自発的に地元の治安を守っているガーディアン・エンジェルスの若者たち、老人ホームで献身的に働いている若いスタッフ等、こういう若者たちはその他にも大勢いると思いますが、本当にありがたいことであり、感心するとともに、私はこのような立派な若い方が大勢いる以上、日本も安泰だし、未来も心配ないと思っています。

一方、親切を受ける側の人たちはどうだろうかと考えますと、あまり感心しない場面によくでくわし、残念に思っています。電車の中でよく見かけます光景で、私なりに気になっていることがあります。体の不自由な人や、お年寄りに若い人が席を譲っても、中には「結構です」と言って、人の親切を無視する方を見かけます。年寄りにしてみれば、自分はまだそんな年ではない、失敬なと思っているのか、あるいは次の駅で降りるのか、若い人に悪いと思っているのか分かりませんが、譲った方は、一旦立ち上がった以上、また座ることもできず、不愉快そうな顔をして隣の車両にいかれます。このように、素直な若者の心を傷付ける年配者もいます。この若者は二度と席を譲らないでしょう。年寄りがきても狸寝入りして知らん顔をする若者を非難する声をよく聞きますが、好意を素直に受けようとしない人が、そういう風潮にさらに拍車をかけていることも事実でしょう。座らないのならその理由を述べて感謝の気持ちを伝えるのが、人としての最低限の礼儀だと思いますがどうでしょうか。私も年は取ってはおりますが、私より弱者の方が来られたならば必ず席を譲っています。

電車の席のお話がでたので、私の経験したことをもう一つ書いてみます。

一〇年以上前のことです。新宿から中央線で東京へいく時の電車の中での出来事でした。運良く新宿の駅で降りられる方が多くて座れました。電車の中は満員ではなかったのですが結構込んでおりました。快速電車でしたので次の駅の四谷まで結構時間がかかります。新宿駅を電車が発車する時に、やっと電車に間に合ったと思われる八〇歳過ぎと思われる腰の曲がったおばあちゃんが乗ってきました。電車が揺れるので出口の手すりにしがみ付いています。やっと座ったばかりの私でしたが、直ぐ立っておばあちゃんのところにいき、私はおばあちゃんの手を取って自分が座っていた席に連れてきました。ところが、どうでしょう。その席には二〇歳ぐらいの若者がもう座っています。私とおばあちゃんがその前に立っても、眠ったフリをして立とうとしないのです。私のことです。見逃すわけにはいきません。すぐさま「すいません、立って下さいね」と申しましたら、舌でチェッと言いながら、ようやく立ち上がりました。私はさらにその若者に言いました。「私が立ったからあなたが座るのはいいでしょう。しかし、おばあちゃんを連れてきたのが分かったら、立つのが人情ではないでしょうか」と。するとその若者は次の車両へ行ってしまいました。

今考えると、その若者に大勢の前で恥をかかせて悪いことをしたと思いますし、また一方では、自分よりも弱い立場の人は助けてあげなければならないことや、良いことと悪いことをはっきり言える勇気、行動を起こす勇気が大切ということを、少しは感じてくれたかなと思いますが、若者が、今流行の「キレなくて」よかったなとも思いました。妻からも「若い人に注意するのはいいですが、殺されないように気をつけてね」と言われていきます。若い人ばかりではなく、分別をわきまえて然るべきいい年をした大人の中にも、人の迷惑を顧みない傍若無人な振る舞いが目立ちます。それに対し、身の安全第一から、見て見ぬふりをするのが、決していいことだとは思えないのですが……。

最近では親切の名を借りて悪いことをする人も多くなっているようです。杉並区の方南町で数年前に起きた事件ですが、一人暮らしの資産家の老人が、親切な家政婦を装って家庭内に入り込んだ人から不動産を含めて全財産を騙し取られ、挙句の果てに殺されて山梨の高速道路の下に捨てられてしまったという事件がありました。これなどは極端な例でしょうが、親切を装っての悪事というのが、不況のせいか増えているようです。だからということもないのでしょうが、人の親切に対し誰もが疑心暗鬼になってしまっているようでもあります。本当に残念でなりません。

しかし真からの、人情に富んだ親切な人は必ずその態度から分かるものですから、たとえ最初は疑いの目を向けられたとしても挫けず、素晴らしい社会を築いていくために、親切という愛の手を差し伸べて上げて欲しいと思います。そして親切をしてもらった方は必ず感謝の気持ちを伝えて、心から感謝を述べて、親切の輪を広げていければ、人間愛に溢れたもっといい世の中になっていくだろうと思います。

他人の親切を理解しようとしなく、感謝の心も持たない人は、他人から親切をもらえない寂しい人生を送る人になると思いますが……。

もう一つ、私の経験をお話ししましょう。これは果して親切になるのか、お節介になるのか、今でも考えている出来事がありました。

今から四〇数年前のことです。私はその頃商売をしておりましたが、私のお店の前に、F屋という化粧品屋さんがありました。ある日、私が配達にいって帰る途中、大通りでそのF屋さんのご主人が、何か急いでいる様子でタクシーを一生懸命探していました。しかしタクシーがなかなかきません。そこで私は「どうしたの？」と聞いてみました。ご主人は「兄貴から電話があり、お袋が危篤らしい」と答えました。「それでは私の車に乗りなさい」と私は言って、すぐ彼と一緒にお兄さんのお宅へ車を飛ばしました。ところが、目的地のすぐ手前で出会い頭の事故を起こしてしまいました。私の車の真横に相手の車が突っ込んできたため、F屋のご主人は車の外へ投げ出され大怪我をしてしまいました。私も前のハンドルで顔を打ち、鼻血で顔中真っ赤です。お袋さんは良くなりましたが、彼は一ヶ月の入院。私もこの怪我が元で今でも慢性蓄膿症で通院しています。これなど、親切のつもりで行動を起こしたのが、却ってお節介になったような気がします。

その他、親切にはそっとしておいて上げる親切心もあることを忘れないようにしてもらいたいと思います。たとえば、自分の最愛なる人を亡くした時など、思い切り泣かせて上げるのも、思い遣りという親切ではないでしょうか。

他人様が明らかに間違ったことをしている時、注意して上げること、子供たちが良い行ないをした時に褒めてやること、悪いことをした時には叱ること等も親切の中に入るのではないでしょうか。

親切にもいろいろな親切があることも、お節介にもいろいろなお節介のあることも各々考えてみようではありませんか。そして、そのようなことの積み重ねが社会を良くする要因の一つになっていくのではないでしょうか。

人間は誰でも、困っている人を見れば助けて上げたい気持ちになると思います。ところが、実際に助けて上げる決断と勇気を持てる人が何人いるでしょう。皆さん気の毒だと思っても、体裁や体面が悪い、人が見ているから、好い格好をしているようにみられるからとか、でしゃばりに思われるとか、相手が強そうだから、怖そうだから、変な目で他人に思われているのではないか……と思って一歩が出ないということはよくあります。

経済的な観点からみても、自分に金銭的に人を助ける余裕がない、助けて上げたい相手が平素贅沢などしていて金銭的にルーズであったから助けても無駄になるとの判断、肉体的に体力がない（喧嘩の仲裁、おぼれる人を助ける、重たいものを持って上げる時、年寄りや弱者に自分の手を貸すこと）、精神的に知識や能力がない（物の修理、相談にのって上げたり、精神的アドバイスをして上げる）等、助けることができないことが多くあると思います。

しかし、どんな人でも、ほんの少しの勇気と決断で、何かチッポケなことの一つでも相手に手を貸すことができるのではないでしょうか。そのあなたのチッポケな、見返りのない純粋なボランティアが、人助けとなり、人情ある良き社会を作っていく輪の原動力になっていくのではないでしょうか。

人間一生の内には楽しみも、苦しみも、悲しみも幾千とあります。誰でも苦しい時は誰かに何がしかの助けを受けています。そう思って楽しい時にも苦しんでいる人に、自分の楽しさの一部でも分けて上げたらどうでしょうか。どんな苦しみも、悲しみも、楽しさもいずれは過去のものになります。ご自分のこれまでの人生を振り返り、助けてもらったり、助けてあげたりしたことが、その人の人生をより豊かなものにしてくれていることに気が付くことでしょう。そんな人生を心掛けていきたいものです。自分も含めて……。

七、他人に対して期待は低く、自分に対して希望は高く

自分の今後の生き方を考え、将来、充実した人生を送るためには、人間として高い望みを持ち、その目標に向かって自分の人生スキームを作り、かつ目標に向かって努力してい

くべきだと私は思っています。人間として生まれてきた以上、自分の人生のあらゆる可能性に挑戦していきたいし、その結果良い成果が出た時、我が人生の喜びを感じるのではないでしょうか。

期待とは、神仏や他人様が自分に対してそのようにしてくれるだろう、あのようにもしてくれるだろうという、他の力を待つことであって、他力本願によって変わる願いごとだと思っています。それゆえ主導権は他人にあると思います。

また、希望とは自分が勝手に他人様に願い、望むことであって、このようにして欲しいとか、あのようにして欲しいと、あくまでも主導権は自分自身にあると私は思っています。

私は希望をプラス思考に考えて、自分の手で自分の望みを叶えていくことだと思っています。希望なくして良き人生なしと……。

皆さんには、何かこれからなし遂げたいと思う希望がありますか？　と問いかけたら、老いた人は今さら、先がないのに……と答えるでしょう。若い人は、今がよければそれでいいと答えるかもしれません。そういう方に私は言いたい。今があなたの人生を変えていくチャンスだと……。

ちょっと考えて欲しいと思います。夢や目標を、つまり希望を持って自分の人生に向かっていって、一つでも良き上のランクの人生を努力しながら目指すプラス思考の考えを持っている人と、何の夢、目標も持たないで今の生活に甘んじ平々凡々な人生を送る人とはどちらがよい結果が得られるか、明白ではないかと思いますが。私は自分の夢、目標を持って生きていき、その希望が叶っての喜びが湧いた時が、生きていて良かったと思える素晴らしい人生のように思えてなりません。

たとえ先がみえている年寄りだからといって、人生の希望をなくすことはないと思います。今からでも遅くないと思います。私も、年は取っていますが、今からが残された自分の人生のスタートだと思って、希望を持った生き方をしていけたらと思っています。そのためには、自分の周りの人と和を持って平穏無事を願い、良き友を持ったり、自分の趣味、レジャーを楽しみ、これからの経済的な問題を考え、つねに家族の健康維持を考えながら、世のためになる、若い者の手本になるような行動をし、昔からの良きいろいろな文化や仕来りを教えて上げられるような老人になりたいし、前向きな老後を送っていけたらと思います。

私は今ゴルフ、ボーリング、インターネット、若い人とのｅメールと、いろいろなことにチャレンジ精神で、自分の人生をエンジョイしています。この文を書きながら、昔の言葉を思い出しています。それは闊然《かつぜん》たる精神に健全たる肉体が宿るという言葉です。逆もまた真で、健康な体でなければ何もできないし、良き強き心を持っていれば、丈夫な体になるということだと思います。自分のクォリティー・ライフを維持するためにも、清きそして強き精神を持って、これから先を生きていきたいと思っています。

特に若い方は、これからの自分自身の長い人生に夢と希望を持って生きてもらいたいと思います。将来の進む道、職業、自分の趣味etc.一度しかない人生で、一生掛かってもなし遂げたいこととは……。また、時代に取り残されないように一生勉強し、結婚、家庭、何年頃マイホームと、自分のこれからのライフ・プランを考えていますと、将来に対しての夢と希望が湧いてくると思います。

しかし、その目標達成のためのプロセスの中で、他力の力を借りることを期待しないで、自分の希望通りの人生を歩むにはどのようにすべきか、真剣に考えていくべきだと私は思います。

各人、何事も自己責任で生きていかなければ誰も助けてくれません。あくまでも自分の人生は自分の力で切り開いていくという自覚と、苦もあれば楽もある長い人生、チャレンジ・スピリットと、絶対になし遂げるという強い意思を持って歩んでいかなければ達成できないと私は思っています。それにはしっかりとした自分の人生のスキームを作り、ガンとした自信を持っていきたいと思います。自分らしい素晴らしいマイ・ヒストリーを作っていこうではないですか。

私たちが住んでいる社会の中には、良き家庭、良き家族に恵まれ、また、財産、権力、知名度を十分に持った、一見幸せそうな人（これだけでは人間の幸、不幸は判断できないと思いますが）がいます。一方、貧乏していて他人の世話になりながら生きている人もいます。どうして人によっていろいろな人生になるのでしょうか？

人間生まれてきた時は皆裸です。その生まれてきた家庭が財産家ならば第一段階では幸福《しあわせ》の部類に入るでしょう。しかし、いつまでもそれが続く保障はありません。長い人生ではいろいろなことで無一文になることもあります。

人間の運・不運を分ける第二段階は学校を出る時ですが、これも、誰もが羨むような一流の学校を出たからといって、必ずしも成功するとは限りません。勉強があまりできなかった子供が、あるいは、貧乏な家庭に育った子供が、何十年か先の同窓会では成功者になっていたという例が世の中にはたくさんあります。

人間何回も平等に、スタートラインに立つ機会があると思います。学校時代には下のクラスのスタートラインにいた人が、成功して大会社の社長になっていたりして、今の自分を振り返って、どうして彼と私との結果に差ができたのだろうか、と考えてみた時、彼と私がどこが違っているのか、どこに差があったのか自問し、多少の運・不運があったにしろ、社会の荒波を乗り越えて立派になった彼を見て、彼を賞賛し、私も彼以上に努力してこそ自分の人生のサクセス・ストーリーが完成できると自覚と希望を持つことが成功への道ではないでしょうか。

長い人生です。確かにいかに努力しても報いられない人もいるでしょう。しかし、人生では、思ってもいないところから助け舟が必ずあります。それが親、兄弟、子供、友だちやその他の人間かもしれません。その他に時の運かも、神より与えられた賜物かも分かりません。そういうことが、長い人生では必ず何回かあります。そのチャンスを早くキャッチして活かす人もいれば、分からずに放っておく人、無視する人もいると思います。このチャンスを見逃さないことが、より良い幸を得る数少ない分かれ道の一つになるのではないでしょうか。希望を捨てずに頑張っていきましょう。頑張るところに報いが必ずくると信じて……。

次に期待についてお話ししましょう。期待にもいろいろあると思います。

期待といえば、真っ先に自分の子供のことを考える方が多いのではないでしょうか。しかし自分の子供たちに期待する人は、その前にあなたが大人として、この子の親として、恥ずかしくない生き方をしてきたか、あなたが自分の親に対して行なってきた孝行や、社会に対しての善行を振り返りながら、まず子供の立派な手本になる親にならなければならないと私は思っています。あなたにはそれだけの自信がありますか？　自信がなくて、子供たちを教育することができるでしょうか。期待することができるでしょうか。その上で子供たちに対して恥ずかしくない親として毅然《きぜん》とした態度で接したいものです。

家族団欒の会話の中で、子供の趣味、希望を聞きながら、将来のロマン、ビジョン、生き方等を話し合っていったらどうでしょうか。子供の将来をマザー・ファクトリーになって、子供の将来の夢を奪わないように、すなわち、母親の自己満足の道具にしないで、子供たちが持つ天性の付加価値を見つけて、それを育て、子供たちの将来に向かって良きあるべき人生のシュミレーションを作って上げるのが、親としての責務ではないでしょうか。

そして自分の子供たちが持っている実力以上の期待を望んでいないか、いや、人間として、人の親として、当然な考え方だとは思いますが、しかし一歩下がったところからもう一度考えるべきではないでしょうか。

私の周りにも、子供の将来に期待し過ぎの教育ママが多くいます。

たとえば、学業や生活態度などで普通の子供がいます。目標を最高学府の医学部に入ってもらいたいと思っています。自分の将来像など描くことができない子供に、家庭教師、進学塾だと一生懸命です。親子ともども苦労しながら、小学校、中学校、高等学校、そして志望大学の医学部へというシュミレーションを描いていたとします。そこで私はこの親子の絡み合いをごく一般的に、私なりに考えてみました。

①勉学一筋で、この子は子供らしさがなくなるのでは……人生で一度しかない少年、少女時代の楽しさが味わえないのでは……ぐれたり、キレたり、人の情《なさ》けが分からないクールな人間になったりして、思い描いた人生路線から脱線したら……。

②高等学校までは出ましたが、希望の大学には入れるか……は入学できなかった時の挫折感。その時の子供の心情等。医学部は特に卒業、国家試験、インターンと、医者として独立するまで大変です。

③次にくるのが子供の就職、結婚、親からの自立。子供に親たちの老後を見てもらいたい期待等もいかに果たしていくでしょうか……。

④すんなりにいって、この息子にまた子供ができたとしても、果たして親に恩を返してハ

ッピーエンドになることができるでしょうか……。

この①②③の人生のいろいろな山、谷、川をクリアして、親たちが期待していることが、④のスゴロクの上がりまでいくとしたら、並大抵の努力では到着できないと思います。また、そのようなセオリー通りに、何人の子供が辿《たど》り着くことができるでしょう。子供にそれだけの能力があるか、小、中、高とスムーズに過ごせたか……大学に入学できたか……国家試験に合格して医者になれたか……就職、そして良いお嫁さんをもらって夫婦円満か……親孝行ができるか……頭脳明晰でキャリア組になるだけが人生だろうか。

何事に置いても努力は必要ですが、身分相応以上の目標を掲げ、その望みを叶えることができなかった時、この子供たちにとっても、周りにとっても、それが果たして幸福につながることになるでしょうか。

私は親がその子供の能力をよく観察しながら、子供の将来を決めていくべきだと思っていますし、単に大学を出るより、子供自身に合った職業に就き、社会のためになるということが、人間としての本道ではないかと思います。

現代社会は高学歴イコール高収入イコール幸福と勘違いしている人が多いように思いますが、どんな貧弱な道だって、実の生る心掛けならば、どんな黄金の道よりも、真《まこと》に尊い人の道だと信じています。

実際に子供に対する親の期待は、学問に優れ、世間様より先生と呼ばれるよりも、子供の本当の人間性と、各子供が持つ天性を見つけ、いかにそれを引き出させて上げられるか、また、それを育てて上げ、子供の一生が人間として幸せに送っていけるように導いていくことが、親の期待と同時に責務だと思いますが……。

最近、悪いことをして新聞などに出ている人たちは、最高学府を出たキャリア組が多いようです。医療事故も多くなっています。国会の先生たちも同じです。それは秘書がやったこと、遺憾に思いますと、同じ言葉ばかり聞く昨今です。一流大学を出て反人間的な人間よりも、人間らしい人間の方がどんなに社会のためになっているかと思います。

子供たちが勉強をしようとする心には、①外圧的因子と、②内圧的因子があると私は思っています。

①の外圧的因子とは子供自身の意に反して親、先生から言われて、強制的に、時にはアメとムチの賞罰をチラつかせて勉強をさせることだと思います。このようなことは戦前の教育にありました。国民が賢くなってお国のためになってもらいたくてのことです。先述したようなマザー・ファクトリーの家庭では勉強だ、塾だと子供を叱咤《しった》激励《げきれい》しながら勉強

をさせています。

②の内圧的因子とは、子供たちが自分自身で自分の将来像を描き、自分がなりたい、やりたいことを考えて勉強をしていく、私はこれこそ理想の教育ではないかと思っていますが……。強制的な頭越しの教育ではなく、客観的に人生とは、社会とは、人の道とは等を、話し合いの中から子供自身に自らのやる気を起こさせるような、良き道に導いていくのが良き親ではないかと思っていますが……。

今、文部科学省では、ゆとりのある教育と言って、学校が週五日制になりました。競争せず、ゆったりと子供たちを育てていきたいと思いますが、実社会はどうでしょう。社会に出た途端に、能率主義であり、競争の社会に否応なしに入っていかなければなりません。

私は多少は学校でこのようなことに対する対処、免疫を作ってやるべきではないかと昨今特に思っていますが……。

③グローバル・スタンダードからイノベーション（技術革新）だと、ＩＴ革命だと、この数年の社会の変革の速度は素晴らしく速くなっています。現在では何事においても自己責任、能力、競争の時代になっています。特にこれからの社会は、競争に負けたものは人生の敗者になる可能性があるのではないでしょうか。つねに勉強をして自分自身の能力の

可能性を見出し、また、努力と経験を積んで引き出し、付加価値を付け、そして各自の知恵でその能力を発揮しなければならない時代になってきたと思います。私も、競争なくしては発展も進歩もないとは思っています。もちろん他人を蹴っ飛ばし、足を引っ張ってまでの立身出世目的の競争は駄目ですが、現代社会のコンピティション（競争）から一歩先を走るためには、自己ブランドが必要ではないでしょうか。しかし、人間らしい情操教育との両輪にて、家庭教育をセッティングして欲しいと思っていますが、どうでしょうか。

社会自体が何事も規制緩和の方向に向かい、競争の時代になっています。このような時代に対して、学校では温室育ちですくすくと育ってきた子供が、実社会に出ていった途端に、競争という荒海の社会では、果たして生きていけるのでしょうか……。会社でのイジメ、学生時代の登校拒否と一緒で、会社への出勤拒否の人も増えていくのではないかと思っています。社会からの落ち零れになった人が多くなればなるほど、社会不安が増していくのではないでしょうか。学生時代の生活と実社会の生活との極端な違いのショック・アブソーバーをどこへ求めていったらいいでしょうか……。

生きるということは、野生動物たちのサバイバルと一緒だと思います。しかし、動物と人間との違いは、情のある、ルールに乗った共存共栄の互助社会の上に生きていることだと思います。学問だけが生きる道ではないのですが、学問が好きな人は、勉強の目的を自分のため、自分の周りの人たちのため、国のため、人間全体の幸せのために励んで欲しいと思うのですが……。

医学界一つとっても同じで、ほんの一部ですが算術に走ったり、また、最近の医療事故の多いこと。私の言いたいことは、人間として生まれてきた以上、人間としての責務を全うしてもらいたいということです。医者は人間のいろいろな病気を治し、苦しみを取り除き、生命を長命にして上げ、そしてそのような学問を探究して社会のために尽してもらいたい。その結果において社会から、先生と崇められ、その仕事においての対価をいただき、自分のため、家族のため、そして税金を払って国のためになるべきだと思います。キャリア官僚においても、国のために自分の職務を全うして働いてもらいたいと思います。

職業に価値の上下はなく、働くことによって人のためになり、頭だけを使って働く人、体を使って働く人、人それぞれ天性の仕事があると思いますが、それに対して対価をいただいて、それ相応の生活を営むことが大切ではないでしょうか。

そして私はこう思います。希望は高く持った方が普段の力以上の力が出るが、期待は低いほど挫折感が少ないと。親は子供に重い期待をかけず、子供に希望を持たせて上げたらと思いますが……。

期待といっても、このような期待もあると思います。自分が全く期待してないことを人がしてくれた時には、感謝の気持ちが湧き、素直に心から人の優しい気持ちを喜べる人になれると思います。

もしあなたが人に何かを期待する時、○○をしてやったから。□□をするから、××をしたから、△△をしてくれるでしょうと、見返りを望んでいないでしょうか？

私には子供がおりません。私も、七○歳になりました。親戚や兄弟が大勢おりまして、イザと言う時には看て上げるからと言ってくれています。ありがたいことだと感謝しています。特に私の血筋の甥、妻の方の血筋の甥、成人後見人として、これから先の諸々の保証人になってもらうつもりでいます。私たちが約四○年間父母を看病してきた大変さを、甥たちになるべく味わわせたくない気持ちでいます。そのために私はできる限りこれからの人生を自分の力で生きていきたいと思っています。

心優しい甥たちに、こんなことを書いたならば怒られると思いますが、私が選んだ甥たちですから本心では毛頭思っていません。あくまでも例題です。世の中にはこのようなこともありうるかも……と思って書いておきます。

世の中には、自分たちの老後は子供たちに看てもらおうと期待している親がたくさんいるだろうと思います。ところが全然看てくれない。その時には、○○してやったのに……と恨み、辛みが愚痴となって出てきます。しかし、そういう愚痴は自分が哀れになるばかりだと私は思います。

その反対に、全然当てにしないのに、一生懸命に看病してくれたならば、あるいは期待もしてないのによく生活の世話をしてくれたならば、その時には心の底から感謝の気持ちで一杯になると思います。自分の心は晴れ晴れとなるでしょう。期待は自分の心の持ち方一つで、日本晴れの清々しい期待と、一方では土砂降りの愚痴だけの期待に分かれるのではないかと思います。そして私は思います。これからは見返りを期待しない愛の種を自分の周りに蒔いておきましょうと……。やがて幾つかの種が芽を出して自分を助けてくれると信じましょう。人は心の持ち方一つで、自分に対しては希望は高く、人に対しては期待は低くしてこそ、悔いのない、素直な良き人生が送れるのではないでしょうか。

しかし一方マイナス思考に考えれば、最近の世相には、律する自分たちには人の心の中に愛という清らかな種を蒔きたいが、物欲のみを求める、頑なな人の心の中まで清らかな種は蒔かれないし、もし種を蒔いても芽が出にくい土壌になっているのではないかと思いますが……。また、律する自分たちの清らかな心を持って接しても、逃避する人の心の中まで入り込んで種を蒔く勇気もなくなりつつあり、恐怖さえ感じる時代になってきたように思います。誰の責任だ、この心を誰が正すのだ……。いや、違う、律する自分たちよ、プラス思考で考えよう。ほんの一部の反社会人に惑わされるな。この問答、あなたはどう思いますか？

八、幸せと不幸せは各自の心の持ち方

幸福とは、不幸とは、各個人の心の中で自覚している豊かさの感じ方だと思います。他人から見たならば不幸に見える人でも、本人は私は幸福だと思っている人が大勢います。その反対に、裕福な家庭で、大勢の家族に囲まれて生きていても、家族に和のない、愛情のない家庭では、一見幸福そうに見えても、果たして幸せと言えるでしょうか？

幸福と感じる心の豊かさには、私は大きく分けて、①精神的幸福（家族の安泰、友人関係等、精神的心配事のないこと）、②物欲的幸福（経済的、物質的、時間的欲望の満足）、

③肉体的幸福（健康、食事）、④その他の混合論に分かれるのではないかと思っています。

人は、今の自分が幸福ですか、不幸ですかと問われたら、何を基準にして返答をすると思いますか？　私は比較する決まった基準はなくて、今の自分の立場を考えた上で、自分の心の中で考えたらいいのではないかと思っています。自分が幸福と思えば幸福だし、不幸だと思えば不幸ではないでしょうか。この考えの上に立って次のように考えています。

①精神的幸福

これは、心配事が少ないことだと思います。人間誰でも多かれ少なかれ、心配事のない人はいません。しかし同じ心配事でも、受け止める感じは個々違います。家族のこと、子供のこと、友だちのこと、会社のこと、老後のこと等、いろいろあると思います。

貧乏な人でも家族仲良く助け合っていけば幸福だし、大金持ちの人でも家族全員の心がばらばらで冷たい家庭なら幸福とは言えないと思います。

くどいようですが、あなたが、今現在幸福ですか、不幸ですかと聞かれたら、どう答えますか？

同じ境遇の人でも、自分自身の心の持ち方で違う答えが出ると思いますが……。私はそれは、幸福か不幸かは自分自身の心の持ち方だからだと思います。
（A）たとえば、他人から見れば中流家庭ぐらいで生活している人でも、自分の近所が大金持ちで、何不自由なく優雅に暮らしている人ばかりの町で暮らしていたとしたら、何と自分は不幸だろうと思うでしょうし、スラム街みたいな町で暮らしていたら、自分は何と幸せ者かと思うのではないかと思いますが……。
（B）私は精神的幸福とは、平凡な家庭で、家族同士の愛が、和が、助け合いがあり、健康で、喜怒哀楽のある家庭での生活の中にあると思います。
この家族の絆がない家庭、家族の心がばらばらな家庭に暮らしている人は、幾らお金があっても、あるいは、家族の中に病で臥せっているような人がいたら、果たして幸福な家と言えるでしょうか……。

しかし、そのような状況であっても、幸せな家庭というのは築けるのです。手前味噌で恐縮ですが、私の家がそうです。

私たち夫婦は両養子です。妻は生まれてすぐもらわれて、今の両親の元で育てられてきましたが、足のガンで身体障害者になっています。結婚して間もなく父が直腸ガンで人工肛門になりました。約四〇年も前のことで、私たちは当時フトン屋をしていましたが、店がすごく忙しかったのです。病気が本当に悪い時だけ病院に入院させて、妻がずうっと看病をして来ました。人工肛門は便が出なくて、毎日二～三時間、排便のために、お湯で浸したタオルでマッサージをしながら、苦労をして排便をさせてきました。妻は足の神経の痛みがひどくよく泣いていましたが、一生懸命に家庭で両親を看病してきました。

こんな生活を一三年して、父をあの世に送りました。すぐに今度は母です。母は足腰が悪く、近所の整形外科に車椅子で通う毎日でした。亡くなる三年前からは脳軟化症で恍惚に近い状態になりました。毎日栄養のバランスを考えたスープを作り、そのスープでオジヤを作って、スプーンで口まで運んで時間をかけて食べさせていました。自分の家で約四〇年間、自分の体の痛みをも省みず、両親を看てきた妻。母を亡くした夜、妻に本当にありがとう、よく親に尽してくれたと言ってあげました。

ところが妻は言いました。私が今ここにあるのも親が私を育ててくれたお陰です。その親と一時でもいいから長くこの世で一緒にいられたし、親に育ててくれた恩を返せる時間が持てて本当に幸せだった。世の中にはこの世に生まれてすぐ親の愛も知らずに育った人もいるし、また、恩返しもできない人もいるのですから、そんな人のことを思ったら、六〇数年も一緒に暮らすことができたのですから、私はどんなに幸せ者だったことでしょう、と……。

このように、自分も病気で苦しみながらも看病してきて、幸せと思うことは、幸せとは、それぞれの人の価値観の持ち方によって変わるものなのだなと思いました。

世の中には、恩になった親を老人ホームに入れて、自分たちだけで遊んでいても、自分は不幸だと思っているような人もいます。上を向くと自分よりもっと幸せな人が大勢います。しかしもっと不幸な人も大勢いることも現実です。

②物欲的幸福

物質的に何不自由なく、大金持ちで、お金の力で自分の欲望を満足できたならば幸福かもしれません。確かにこの世では、一〇の幸福度の内、お金で六から七ぐらいの幸福は得られるかもしれません。しかし人の心の内までは、お金で買うことはできないでしょう。

（A）裕福な国や家庭に生まれてきて、金銭的幸福を得られている人。

（B）貧乏な国や家庭に生まれてきて、金銭的に不幸な人。

日本人の大多数は、現在の自分たちは中間層だと思っていると、何かに書いてありましたが、この（A）（B）は、人間がこの世に生まれてきた時、各人の意思に関係なく、その人の運命が神によって授けられたということではないでしょうか。しかし私は次のように思っています。

Aの人は世襲で得た物質的幸福者で、平々凡々に生きているために、貧困の苦しさ、本当のお金の使い方、お金のありがたさが分からない人になりやすいのではないかと思います。特に最近の風潮として、子供に対する盲愛から子供に物質的満足感を与えるのがベストの教育のように考えている方が多いのではないでしょうか。私は子供が本当に必要なものは与えてもいいと思いますが、子供の心を引き付けるためだけの行動は、却って子供たちが自分の心を抑える忍耐力、善悪の判断力、社会に対する順応力を狂わせる結果にしかならないのではないでしょうか……。

また、相続した富を、仮に何らかの事情で無にした時、自分の心の悩み、生活ステータスの低下、あるいは世間の目と、いろいろな面でAの人はBの人以上に社会から負の心を背負うことになるのではないかと思います。忍耐力などの欠如によって心が貧しくなり、いつも自分自身に不満を持ってしまう人になって、自分自身で私は不幸であると思ってしまうのではないでしょうか……。

Bの人は元々何もなく、裸のところへ生まれてきた人生です。一個人の発展を無限に発揮できる人生を持っているのです。自分自身の頭と体を使って、努力をすれば、グローバルな現代社会ですので、世界に羽ばたく、人のためになる人物になり得る可能性を持っていると思います。もともと無の世界に生まれてきた人ですので、勝の心を背負うことが、Aの人より容易ではないでしょうか。

Aの人は多分、今の資産を維持するだけで、もし成功者になったとしても、資産家に生まれて元手があったからだと世間では思うでしょう。

その反面Bの人は元々裸一貫です。自助努力によって得られた成功者として世間で賞賛されるでしょう。

私たちの一生の時間は有限です。その有限の時間を生活のために、家族のために、社会のために、自分の趣味のために等々、いろいろの時間を自分でチョイスすることができます。いかに自分の時間を、自分のために使えるかによって、自分の生活のステータスが分かるように思います。

③肉体的幸福

健康の欄で書きましたが、健康で何でも美味しく食べられ、働き、動けることが、人間としての肉体的幸福ではないでしょうか。病気になれば、動くこともできず、お金を使い、心配をして、自分だけが不幸になるのではなく、家族全体が不幸になるのではないでしょうか。常日頃から自分の健康、家族の健康に気をつけて、幸福で健康な家庭を築いていって欲しいと思います。この肉体的幸福にも、心の持ち方によって個人差があるのではないでしょうか。

たとえばAさんという人が心筋梗塞で亡くなったとします。平素病気がちで痛み苦しんでいらっしゃるBさんは、Aさんのこの死に方を、苦しまなく、ポックリと亡くなって幸せな人だなーと思います。

一方、平素元気で病気と縁が薄いCさんは、Aさんのことを急に亡くなって可哀相に、人生まだやりたいことがたくさんあっただろうに、せめて一ヶ月くらい家族に介護でもしてもらって死にたかっただろうに……と、このように皆さん、自分に都合のいい、いろんな考え方をお持ちだと思います。その人個人のものの考え方一つとっても、幸福度は変わってくるのではないでしょうか。

①②③、この三つの幸福度をオーバーラップさせながら、個人個人の価値観の判断の相違によって、自分の幸福度を考えていったらいかがでしょうか。常に今の自分は幸福だと

思って生きていくことが、自分にとって一番幸福ではないでしょうか。これからは自分も、もっと幸せになれるように頑張ると同時に、他人様も幸せになれるよう、プラス思考で努力していきたいと思います。この自分の幸福を人様に分け与えるためには、まずどうしたらいいでしょうか？

私は次のように考えました。

A　自分の心にゆとりがなければ、困っている人に幸せを分けることができません。

B　自分にお金がなければ、お金に困っている人を助けられません。

C　自分の体が健康でなければ、困っている人に手を貸すことができません。

D　自分が困っている人を助けようと思う心がなければ、何もできません。

私は幸福論を考える時、いつもあるポスターが目に浮かびます。裸の赤ちゃんが裸の母親に抱かれて、オヤオヤ、バーと話しているような場面です。人間が最初に幸せを感じる時とは、こういう時ではないかと思っています。

私はこの世で、無欲の世界、純粋の愛の世界、真《まこと》の幸せを感じる世界とは……赤ちゃんが生まれ、何ヶ月かたってから、赤ん坊の目が開いてこの世の中を初めて見た瞬間、目の前に自分を生んでくれた母親の微笑みの顔が……その母親の顔を見た赤ちゃんの微笑みの顔……、その母、子の二人の目が一つに重なった時……やがて嬉しさのあまりに頬《ほお》を寄せ合った母子の姿……人として最高の幸せを全身で感じる瞬間だと思います。私はこの姿こそが人がこの世で初めて感じる幸せであり、心の幸せであり、体で幸せを表現できた、汚れのない純粋な人間の姿ではないでしょうか。

この人生最初の幸せを味わった瞬間を原点に、親子の絆を忘れずに持っていきたいと思いますし、また、親子の断絶をなくしていかなければならないと思いますが……。

最近の流行の言葉で言うならば、自分の幸福をゲットすることも自己責任ではないかと思います。「私は今幸福です」と自分の心の豊かさを感じていくことが幸福度を計る一歩であり、あなたの平素の考え方一つで幸福を味わえるのではないでしょうか。

九、遺産と相続

前項で親の看病のことを書きましたので、それに関連することをもう少し書いてみようと思います。

今の日本の法律では、親の遺産は子供全員で等分に相続するようになっています。配偶者がおりますと配偶者が半分相続し、後の半分は子供の人数によって等分に配分されます。

たとえば、私が聞きました実際あったことですが、子供が五人いたとします。長男夫婦が父親と一緒になって、家業のお店で一生懸命に働いておりました。父親の方もこの真面目な長男にこの店を継いでもらうつもりで、いろいろなことを教えております。他の四人の子供たちは、銘々嫁いだりして他所で所帯を持っています。一〇年ぐらい前に母親が長い患いの後に他界しました。父親と長男は店をしながら一生懸命に母親の看病をしていたのです。母親の看病の疲れからか、間もなく父親が脳軟化症で倒れてしまいました。長男のお嫁さんは、店の切り盛りから、家庭の中でお勝手のこと、洗濯、その上父親の特殊の食事からお尻の世話までして、五年以上働いてまいりました。他の四人の子供たち夫婦は、たまに来ては小姑根性を出して長男の嫁にいろいろ注文だけを言いつけます。ただの一回も父の体に触れずに、もちろん父の方も自分の子供よりも長男の嫁の方が親切なので、子供たちに世話をしてもらうことを嫌がっていたからだと思いますが……。

やがて父親が亡くなりました。父の葬式も済み、父の遺産の分割になります。長男が今住んでいる土地、家屋、お店の名義全部が父親名義になっています。その他預金が二千万ほどありました。長男としてはもちろん父親の後を継いでお店を続けておりましたし、自分たちが働いたお金で父親を養い看病をしてきたので、土地、家屋、お店ぐらい自分の所有物になると思っていました（寄与分）。しかし、反対に兄弟たちからみれば親の土地や家屋に何年も、家賃も払わずにただで住んでいて儲かっている癖にとの意見（特別受益）。私たちは高い家賃を他所で何年も払ってきたのにと……。

いよいよ配分の話し合いの場が持たれました。忙しいお店をしながら、両親を一生懸命に介護してきた長男の奥さんもその話し合いの中におります。そして長男の奥さんが今まで通りに私たちにお店の営業をさせて欲しいと頼みました。ところが姉はこの相続に関してはあなた（奥さん）には何ものを言う権利はないのよと言います。この惨い兄弟の中で、四人兄弟の内二人は父親の面倒をよく見てくれたので、現金は皆で分けるけれど、お店は長男に上げるよと言ってくれました。しかし、姉一人と弟一人が法律通りに兄弟平等に貰う権利があると言い張ります（後で分かったことですが、姉の旦那が借金だらけだったらしいのです。また、あまり裕福でない弟の方は子供たちが法律でもらう権利があるのだから堂々ともらうべきでしょう。金もないくせにもらってこなければ親父なんか将来面倒などみないよと言われていたらしいのです）。

とうとう意見が合意できずに土地、家屋、その他全財産を処分して五等分、五人兄弟はばらばらです。長男一家はアパート暮らしで夫婦でサラリーマン。何と惨い話でしょうか……話し合いの席で長男の奥さんがお父さん、お母さんを私一人で看病してきたのよ……食事の世話から、お尻の世話まで……しかも私たちが稼いできたお金を使って親の面倒を看てきたのに……私には何の権利もないの……。

もしあなた方がこのような夫婦だったらどうします。もしあなた方がこのような父親、母親だったらどうしますか？

もう一つ簡単な例をあげると、兄弟全部平等で看るということで、親は半年ずつ子供の家をたらい回しにされたという話もあります。年を取れば長い間住んでいて友だちも大勢いる生まれ故郷から、子供たちの都合だけで見ず知らずのところをアチラ、コチラと回されたらどう思いますか？　年を取っても人間です。動物ではありません。たらい回しにする子供たちを苦労して育ててきたのです。最近は特に大切な親を看るのが嫌で、病院、老人ホームなどへ簡単に入れて、お金だけを子供たちで出し合う方が多いそうですが、厩舎に預けられる競馬の馬ではないのです。恩ある親を自分たちの生活のために、邪魔者、余分者という感覚で他人に預ける。悲しく、虚《むな》しい思いがしませんか？

また、故人の銀行預金の払い戻しは、金融機関が死亡の情報を知った途端にフリーズ（凍結）され降ろすことができません。故人名義の預金払い戻しを受けるためにはいろいろな証明書や書類が必要になります。

A　故人の死亡したことの公的証明書・謄本など。
B　被相続人と相続人との関係が分かる書類。各々の謄本と印鑑証明。
C　相続人全員の遺産分割協議書。同意書。裁判所の遺言書の認定書。調停書類。
D　故人の通帳・届印。
E　公正証書遺言書がある時はAの書類と公正証書正本か、謄本。
F　払い戻し請求者が公正証書に記載された遺言執行者であることが証明できる書類。
G　遺言書がない場合はBとCの問題解決ができずに、いらないお金と、無駄な時間をかけて裁判まで持っていくケースが多いこと。元気な内に考えて欲しいものです。

以上の経験から、どうしたらいいか、私なりの思い付きの対策を考えてみました。

①法律を変えてもらいたい。せめてこのように親を看てくれた子供には財産の半分をもらえるようにして欲しいと思います。現在のままでは親を看るのが馬鹿らしくなるのではないでしょうか。親の面倒を看れば親の財産ももらえるし、税金も安くなれば親を看病する

という子供が多くなり、親を取り合ってまで面倒を看てくれる時代がくるように願いたいものです。多くの子供たちが親の面倒を看てくれるので、財政不足になっている国の介護保険も助かるのではないでしょうか。子供たちに対しても親を大切にするということは、教育面にもいい結果が出ると思いますが……。

②生前贈与と言って、自分が生存中に子供たちに、一人に付き今では年間一一〇万円まででしたら無税で贈与することができます（毎年税務署に申告すること）。毎年生前贈与できますから上手に使えば節税にもなります（今年より二〇〇五年までの時限立法で贈与、相続の優遇税制度がありますので勉強して下さい）。

③夫婦の場合は婚姻期間が二〇年間以上の場合は、二〇〇〇万円贈与できるとか、不動産を共同名義にしてみるとかいろいろありますから勉強して下さい。特に住宅ローンで不動産を取得する場合は、夫婦の名義にしておきますと取得の時、売却の時などに各々の控除を得られますから節税になると思います。

④親としての責務として、元気な内に遺言書を書いておくべきでしょう。

あの子は体が弱くて結婚もできないからこのアパートをやって将来安心して生きていかれるようにしておきたい。この子は金持ちの家に嫁いだので、わけを書いてこの子の遺留分（普通法律でもらえる配分の半分。どんな遺言書に書いてあっても自分が財産放棄しない限りもらえる財産）だけにしておこう。私たち夫婦で作ったこのお店、一生懸命働き、よく私たちの面倒をみてくれている長男夫婦に相続させるように書いておこう等、各自、自分の家庭の事情を考えながら書いたらどうでしょうか。

自筆遺言書だとお金も要らないし、状況次第ではいつでも書き換えることができます。一番新しい日付が有効な遺言書になりますので、何回でも書くことができます。自分が死んだ後も、子供たちが兄弟仲良く生きていかれるためにも、遺言書を書くのは親として責務だと思います。財産の多い、少ないの問題ではなく、ちょっとした言葉の違いからトラブルが生まれます。親兄弟にて心の争いにならないようにしておくべきだと思います。

⑤前記のような素晴らしいお嫁さんの場合には、私ならば私の養女にしたいと思います。養女にしますと、自分の子供と一緒の相続の権利が生まれて、従来ならば五等分の配分が六等分になり、長男夫婦は二人分貰えるようになると思います。

しかしまた反面、このような例もありました。

昔、私がフトン屋をしていた時のことです。ある会社の寮にフトンを配達に行きました。配達先の寮の部屋は、時々店に買い物に来られるおばあちゃんの部屋の隣にありました。

おばあちゃんは一人暮らしでしたので、ついでに元気かなと思い、顔でも見ていくかと軽い気持ちでおばあちゃんの家の戸を叩いてみました。ところが、中から元気のない声で「誰」と声が返ってきます。私は戸を静かに開けてみました。するとおばあちゃんがフトンの中で震えています。頭に手を当てるとひどい熱です。風邪を引いたらしいので、すぐ家に帰り、熱さましと風邪薬を持って来て飲ませて上げました。

その枕元で、私はおばあちゃんの身の上話を聞きました。ここに来る前は神奈川県で大きなお家に住んでいたそうです。旦那さんは大きな会社の重役で、裕福な生活をしていたそうです。子供は男の子一人で、大学を出て大会社に勤め、やがて嫁をもらったそうです。やがて旦那さんが亡くなられ、財産を相続することになりましたが、自分は年も取っているので、私が亡くなればすぐ息子に財産がいくのだからと思い、税金対策などを考えて土地、家屋その他の財産を一人息子の名義にしたそうです。気の強い嫁とはチョイチョイ、トラブルがあったのですが、何とかしながら五年ぐらい経ったそうです。

ある日、些細《ささい》なことで嫁とトラブルがありました。夜、息子が会社から帰って来たので皆で話し合ったそうです。手塩に掛けて来た息子からそれではお互いのために当分の間、別々に暮らそうと言われ、ビックリしたそうです。追い討ちを掛けるように嫁の口からこの家と土地は私たちのものだし、子供の学校のこともあるからおばあちゃんが出ていって欲しいとのこと。それでその翌日、息子たちには黙って出てきたそうです。

このように、自分の血を分けた子供でもトラブルが起きますので、養子縁組を結ぶ時には人を見る目を肥やし、慎重に考えて欲しいと思います。

また、自分の配偶者が亡くなった時、自分の子供が、一人の場合は全財産を子供の名前にしておきますと、もしその子供が親より先に亡くなってしまった時には、その子供に子供（孫）がいない場合には、その亡くなった子供の配偶者に三分の二。親の自分に三分の一の相続配分になります。もし子供に子供（孫）がおりましたら、自分の子供の配偶者とその子供（孫）に相続が入ってしまいます。元は自分の財産ですが、法律では親である自分には一銭も相続する財産がなくなる場合がありますから、くれぐれも気を付けて、よく考えてから相続はしたいものです。

相続の問題について、さらに私が知っている範囲のことを書いておきますので、皆さん、参考にしていただければ幸いです。

人が死亡したら相続が生じます。相続の権利のある人は、まず三ヶ月以内に黙っていれば単純承認と申しまして、権利が生まれます。その相続に負債が多い時には相続放棄。相続の価値と負債の価値がどちらが多いか分からない時には、限定承認と申しまして家庭裁判所に届けていますと、負債が多い場合には相続放棄ができます。この場合には三ヶ月以内に、相続人全員の同意が必要になります。

農地、店舗などを後継ぎに継がしたい時には、分相応の代償金にて解決できます。遺言書を書く場合には、次のことも気をつけて書いておくといいと思います。

①子供のいない夫婦の方は、遺産を配偶者に上げたければ、簡単でいいですから絶対に遺言書を書いておくべきです。

【遺言書】

私の全財産を妻　　　　に遺贈する。

年　月　日

住所　名前　　印

最低これだけでもいいですから書いておきましょう。この遺言書がなければ、配偶者の親には三分の一、兄弟には四分の一の財産が放棄の印を押さない限り相続されます。兄弟が死亡していれば、子供の甥や、姪にまで頭を下げて印をもらわなければならなくなります。その甥や、姪が外国などにいっていたり、行方不明になっていたら見つけるのが大変で、相続ができなくなります。②相続の分割が決まりましたら、なるべく早く法律上の手続きをしておくべきです。①で書いた通り、先延ばしにしていたなら、後で法律上の手続きの時に、必ず関係者の印鑑が必要になります。後になって手続きをする時、その関係者が他界でもしていたら、その人の子供たち、あるいはその子供たちと莫大な時間と費用が必要になります。もし親から不動産をもらっていても、売ろうとした時、親の名義のままでしたら、売ろうにも売れなくなって、その時になって早く手続きをしていたら良かったと気が付いても遅いのです。また、自分が亡くなった時でも子供たちに相続ができません。そのようなことにならないように、名義変更だけは相続が平和裏に解決した時には、必ず所有権登記の手続きをしておきましょう。

③子供がおられる方も、財産があるなしに関わらずに、必ず遺言書を書いておきたいと思います。私の家は財産がないし、兄弟仲良くしているから心配ないとおっしゃる方が大勢いますが、仲の良い兄弟でも、ちょっとしたお互いの言葉の行き違いでトラブルになったり、また、結婚した兄弟には価値観の違った付き人がついている場合もあります。

④子供たちが大勢おりましても、長い人生の苦楽をともにしてきた自分の配偶者が取り残された時、その配偶者の行く末まで考えて上げたいと思います。遺言書と同時に、丈夫な内に子供たちを集めて、お母さんの、お父さんの老後の身の振り方を相談していたらと思います。

二〇数年前に、民間のある病院に父を入院させた時のことです。普通の病院ですが、老人病院みたいに老人が大勢入院していました。学校の講堂みたいな大部屋に、白いカーテンで仕切られた病室です。一定の時間がきますと仕切りの白いカーテンが外され、一斉に寝たきり老人たちのおしめの交換です。大きな部屋ですので、四、五人のヘルパーさんが来て、おしめを取ってごみ袋に入れる人、お尻丸出しの老人のお尻を拭く人、新しいおしめを老人のお尻に着けて行く人、昔のチャップリンの「モダン・タイムス」という映画を思い出していました。人間が機械のように扱われているシーンです。ベルトコンベアーに載って、目の前に次から次に運ばれて来る道具のネジを締める締めないに関わらず、流れて行ってしまうコンベアー。流れ出る汗も拭けず、一瞬も休むことができず、ベルトコンベアーの言うなりになってしまう人間の哀れな姿です。この哀れな老人たちは、ベルトコンベアーの事務的な冷たい、ネジを締められる道具と一緒で、そこには人の手の温もりが、少しも感じられなかったことを今でも思い出します。

食事もその通りです。一人ひとり食べさせる時間と人手がないため、無理してまで食べさせてくれない。栄養は点滴で補給ということになります。昨日も、今日も、明日も、ベッドの上で天井を見ながら、テレビも見られず、何の楽しみもなく、腕には点滴の針をつけたままで、死神が迎えに来るのを待っている姿が目に浮かんできます。

父についた家政婦さんに聞いた話ですが、毎月の入院費支払日だけ子供さんが見える人もあるそうで、無情の子供さんの中には、その入院費用も年金と健康保険ですべてそれで賄って、全然顔も出さない人もいるそうです。財産のない老人は、死体を献体しますから自由にどうぞ、と言う子供もいるとか……。反面、財産を持っている老人には、死亡と同時に大勢の子供や、孫たちが来て連れて帰るそうです。そのような家族は相続問題でもめることだろうと思います。

このような姿に自分がならないように、その時になって後悔しないように、今からでも遅くないですから勉強をしておきましょう。もちろん、親孝行の子供たちのほうが大勢いることは言うまでもありません。今では介護保険ができていることですので、こんな冷たい病院はないと思いますが……。

⑤個人で工場、あるいはお店を経営しておられる方は、丈夫な内に後継ぎのことを考えておきましょう。遺言書では特定遺贈と言いまして、その企業が継続営業に必要な土地、建物在庫品、備品、営業権などを特定して書くことができます。これには他の相続人の遺留分を侵害しない範囲で、または代償と（代償としてある程度の金品を支払う）することもできます。

⑥寄与分として（親と一緒に家事従事型、金銭などの出資型、療養看護型として、子供以外の人にも適用されます）、また、負担付遺贈と言って、この財産を余分に相続させるから、たとえば残った配偶者や、身体障害者の兄弟を、お墓などを一生世話をするとかで余分に貰えます。

⑦特別受益者と言って生前に個人から贈与された金品（嫁入り持参金、個人からの生計の援助、住宅建設の援助、ローンなど）は、生前贈与で相続から引かれます。前項にも書いてありますが、二〇〇五年まで優遇税制になっていますので、よく調べて下さい。

その他、親名義の土地、建物に住んでいましたら、賃貸し料として寄与分の反対に相続金から引かれます。

⑧遺留分。これはどんなに遺言書に個人が書いていても、相続権がある人には最低、これ

だけの財産を分けて上げましょうという権利のことです。権利のある人は、故人の配偶者、子供（養子も含む）、親（子供がいない時のみ）、配偶者は財産の半分（正規の配分）の半分です。子供の時は配偶者が取った残りの半分を子供の人数分に割った分の半分になります。たとえば五人の子供がいて、一〇〇〇万円の財産があったとしたら、配偶者が五〇〇万円、残りの五〇〇万円を五人で分けますから、一人一〇〇万円になります。その半分ですから五〇万です。

⑨遺産相続が発生してから一〇ヶ月までに遺産分割協議書を税務署に提出することになっています。この遺産分割協議書ができたら、必ずなるべく早く、然るべき処置をした方がいいと思います。相続税を払う人は未払い税金に利息が付いてしまいますから、キチンと精算をしておきましょう。不動産登記、銀行の名義書き換え、保険なども気をつけましょう。協議書がなくなったり、代が変わったり、知らないうちに他人名義になっていたりして、必ず後からのトラブルの元になります。この例はたくさん聞いていますから気をつけて下さい。面倒くさいからとか、忙しいからと言って、先に延ばさないようにして下さい。

⑩その他、土地、家屋、会社の株等を相続させる跡取りのために預金などで遺留分相当額のお金を残しておく。

⑪できたならば自分たちの将来のために介護、生活の面倒をみてくれる人を決めて、全員で遺産分割協議の方法を考えておきたいと思います。

私もいろいろなトラブルを経験したり、話を聞いたりして、人間誰を信じたらいいのかと、本当に考えさせられました。このようなこともあることも、また、あなたの頭の中に入れておいて欲しいと思います。人を疑うよりも信じることが大切です。特に家族同士ですから……その家族を仲良くさせるのも、喧嘩させるのも親の責任、あなた次第です。よく考えて下さい。

世の中はなるようにしかならない、遺言書を書いても書かなくても、なるようにしかならないと思っている家庭では、必ず親子、兄弟の争いが発生すると思います。

後の祭りにならないように……。

一〇、贅沢すればキリがない

私の子供の時にフトンの中で父からいろいろなお話を聞かされました。私の頭の中には今も父の話し声が焼きついています。その中の一つに次のような話がありました。

ある国に大金持ちの王様がいました。毎日ご馳走ばかり食べていました。ビフテキを食べても、マグロの大トロの刺身を食べても、美味しくないのです。毎日毎日腹一杯美味しい物ばかり食べていたので、舌が肥えて何を食べても美味しく感じないようになってしまったのです。そしてある日、自分の家来に国中の料理人を呼び、各々腕を振るい、お金はいくらでも出すから美味しいものを作れ、と命令をしました。そして、私が美味しいと言った料理人には大金を取らすと言いました。国内はもちろんのこと、国外からも腕のいい料理人が大勢来ました。一日一人ずつ、腕によりを掛けて美味しいご馳走を作りました。王様のお腹は毎日ご馳走で腹一杯でした。

やがて一ヶ月が過ぎたある日、三〇人目に、みすぼらしい姿の子供の料理人が当番になりました。この子供は田舎で父と二人で食堂を開いておりました。貧乏でしたので、朝早くから仕事が忙しくて、貧乏ですから自分が食べるものが少なく、お昼の食事も満足に食べられませんでした。仕事が終わってから夜遅く、父と二人でお客様の売れ残りを食べていました。お昼のご飯を食べないので、夜ご飯を食べる時には、お腹がペコペコです。お客様の残したものでしたが、子供はお腹が減っていたので、毎日毎日がそれはとても美味しい食事でした。ですから、自分が美味しいと思っていたそのご飯を、王様にも食べてもらって賞金をもらおうと思いました。しかし、残飯ですから、夜遅くにならなければ用意できません。

王様は朝早くから美味しい食事を今か今かと待っていましたが、昼になっても食事ができずに、とうとう夕ご飯の時間になってしまいました。ところが、まだできません。王様のお腹はもうペコペコです。そしてとうとう怒ってしまいました。今日の当番料理人は誰だと……。当の子供は自分の店で一生懸命働いています。夜遅くになってやっとお城に着き、店のお客様たちが食べ残したものを王様に差し上げました。王様は、この子供の料理人が一日かかって、真心を込めて作ってくれたものだとすっかり思っています。

さて王様はその残飯を一口食べました。王様のお腹はペコペコでグウグウ鳴っておりましたので、美味しかったこと。王様は思わず、これは美味しい。こんな美味しいものは食べたことがないと、すごく満足しました。そして子供に、お城の料理人になって欲しいと頼みました。

けれど子供は、貧乏でも父親と二人で働くのが一番幸せですからと、賞金だけいただいて行きました。

幸福の項でも書きましたが、幸福や贅沢を決める基準は何でしょうか？　私は各個々の環境立場、考え方等で異なってくるのではないかと思っていますが……。

贅沢の反意語は質素、倹約だと思います。戦中派以前の人たちの多くは、この質素、倹約、節約が美徳であると考えてきました。しかし現代はどうでしょう。消費が美徳と感じているのではないでしょうか……。

今改めて考えてみましょう。人間の究極の幸せとは何でしょう。ある人はお金がたくさんあって、毎日が自分の意のままに楽しく過ごして生きていくことだと言うでしょう。病気がちの人なら、健康であることだと言うでしょうし、家族内が不仲がちの人なら家族が仲良くだったら、またある人は、自分の仕事が、趣味が、その他自分の目的が、欲望が達成された時など、各自いろいろな価値観で判断して答えるでしょう。

しかし私は、心の贅沢も人間には必要ではないかと考えています。心の貧しさ、心に余裕がなければ、心に不安があれば、何をしても贅沢とは言えないし、贅沢と感じないと思います。私が考える贅沢とは、人に喜んでもらえることができることかなと思います。それは、自分の心に多少の余裕があるからこそできることだからです。そして、他人様よりの援助をより多くいただくのには、平素から自分も他人様のために尽しておくことも必要ではないでしょうか……。ギブ・アンド・テイクという言葉がありますが、平素から他人《ひと》にいろいろな愛を与えられれば、必ずその愛は還ってくると思います。

あなたが会社で仕事をすることは、会社のため、社会のため、人のために働いていると同時に、自分のためでもあるのではないでしょうか。

近代になって、企業においては社員の生活ができるような給料を支払い、多少なりとも社員の人生をエンジョイさせるために時短を奨励し、ボーナスを支払い、夏季、冬季休暇を楽しめるように手助けするような時代になったと思います。このことも平素から社員が会社のために仕事をしておればこそ利益が上がり、できることなのです。

しかし最近では、この常識もコーポレート・ガバナンスの大切さの分からない、社会に貢献するという企業の本分の役目を忘れ、反社会的な事業や営利主義のみに走る、間違った方向に向かう企業が増えてきているように思います。

昔から身分相応という言葉があります。背伸びしない身分相応の人生の楽しみを持ちたいし、もっと遊びたい人はそれなりの努力をするべきではないでしょうか……。

ここで一つ申し上げたいことは、物欲的贅沢な幸福よりも、精神的贅沢な幸福をもっとよく考えてもらいたいということです。

人間は心の幸せを持ちたければ、時には今の自分の考えが、悪い慣性に偏《かたよ》っていないか再チェックする必要が、私を含めてあるのではないでしょうか……。馴れの怖さを時には感じたいと思います。先に例を出した王様のように、贅沢ばかりしていて贅沢に馴れてしまえば、何が幸せか、何が美味しいものか分からなくなると思います。お金があって、贅沢ばかりしていても、幸せと感じなければ不幸であると思いますが……。

今流行の介護の問題も然り。親を介護して上げられることも一つの贅沢と考えられるのではないでしょうか。私を生んでくれて、今私があるのもこの親が在ってのことと自覚して介護をしている人もいるでしょう。そういう、今までの感謝の気持ちで介護をしてあげられたらと思います。してやりたいけれど親のない人のことを考えながら、苦しく、大変だけれども、好きな親と一緒にいられて、看病をして上げられて幸せですと、そう考えられたら、介護のできることが幸せだと思えるのではないでしょうか。

苦あれば楽あり、という言葉があります。私は単に苦もあるし楽もあると思わず、各個人が苦しみとはどういうものかを体験して、苦しんでこそ、本当の豊かさの貴さを味わえるのではないかと考えています。

そして今の自分の生活慣性から離れ、時には一歩、二歩下がった客観的なところから自分の生活態度をみたならば、もしかしたら、自分自身の心の貧しさが分かるのではないでしょうか……。

アフガンなどの後進国の子供たちの「飢え」をどう考えますか？　今にも栄養失調で死んでいく子が、あなたの子供であったならば……私は終戦直後の満州での体験からいろいろな惨めさを味わってきました。そのお陰で現在心から今の生活のありがたさを感じています。

以上のようなことから、お金での贅沢イコール幸福ではなく、心の贅沢・自分のための自由時間・健康・和のある家族・良き友人・その他自分で自分なりの贅沢を考えようではないですか……。

一一、自分の健康と心の管理

長い自分の人生で、一番大切で必要なものは健康だと私は思います。元気な時には空気といっしょで、一番大切なものなのに大切と感じないもの、しかも、死への不安、病の進行状態の心配、痛み、苦しみ等、自分しか分からないもの。健康でなければ自分を助けることもできないし、人を助けることもできなくなるもの。その苦しみ方もいろいろな苦しみ方があって、悪くなれば自分だけを苦しめるもの、それが健康だと思います。

A　食事からの苦しみ……美味しいもの、好きなものが食べられなくなる苦しみ。食事制限。

B　行動の制限からの苦しみ……ベッドに横になったきりで、好きなことができなくなったり。好きなところに行けなくなってしまったりする苦しみ。自宅の生活から病院生活に……。

C　体の苦痛からの苦しみ……アチラ、コチラ痛くなったり、息苦しくなったり、または手術等で痛い目にあったりする苦しみ等。

D　経済的な苦しみ……仕事ができないために収入が減り、医療費その他の出費で支出が増える。もし大黒柱の人が病気になったら、特に収入がなくなり、医療費という莫大な支出があります。

E　死の恐怖からの苦しみ……自分を始め家族、親戚まで捲き込んで行く心配と不安という心理的な苦しみ。いつ何どきそうなるかという自分の死への不安。家族との別れ。家族から見ると別離と悲しみ。

その他いろいろな不安、心配があると思います。しかし人は、このように多くの苦しみから全部逃れることはできないとは思いますが、一つでも二つでも減らしたり、軽くしたりすること、あるいは身体的苦しみを軽くしたり、余命を永らえることはできると思います。

動物でも、危ないところからは逃げますし、近寄りません。私たちは人間です。知恵があります。どうしたら一番ベターなことかを考えることができます。今まで自分の体について無関心だった人は、まず、せめて自分の血圧、血液検査の数値、尿検査の数値を把握するために、年一回ぐらいは健康診断を受けるようにしましょう。自分のため、家族のためにも、せめて五〇歳を過ぎたら人間ドック等に入り、常に自分の健康状態を把握しておくべきではないでしょうか……。

自分の体も管理できなくて、社会の中で、たとえば会社で部下を、家族を、子供たちを胸を張って指導していくことができるでしょうか……。特に成人病は肥満が大敵です。肥満の原因は、食事での栄養の摂り過ぎと、運動不足です。このことを管理し、実行するのはあなた自身です。今の子供たちは、ペットボトル症候群と言われるような栄養過多で、肥満児が多くなってきているそうです。お父さん、お母さんたちが健康に関する知識を得て、自分の健康管理を実践で示し、子供たちがカロリーの多いものを食べたり飲んだりした時に、自信をもって注意できるような人間になりたいと思います。

私の妻は体が弱く、身体に障害がありますので、どこに行くのも車利用になりますが、私たちには子供がいないので、私が運転をしています。その妻が、自分の体の不自由を乗り越えて、普通の主婦以上に家事一般をやってくれています。これからは私たちの老い先のプログラムを考えなければなりません。自宅で老いと同居するか、あるいは老人ホームへ入るか思案の最中です。私たち二人は結婚して四〇数年間、ずうっと自宅で親の老後の面倒を見てきました。その長い看病の疲れがでたのか、特に最近体の不調を訴えてきた妻。台所に立っているその妻の後ろ姿を見る度に、私の体は自分だけのものではない、この妻のためにも丈夫で長生きしなくてはいけないと思う昨今です。この妻をこの世に置いて死ねません。

そして、もし私が病院のベッドの中で自分の死が近づいてきたことが分かった時、自分ではどうすることもできない体、心の苛立ち……。そう、そのときの自分の胸の内を考えたならば、どんなに苦しく、また悲しい思いで、死を迎えなければならないか……。

絶対妻より長生きをしなければならないと思っています。そのためには、人一倍、自分の健康に留意し、事故に遭わないよう心がけていきたいと思っております。

自分たちの家族の幸福の原点は、家族全体の健康だと言っても過言ではないと思いますが……。

もし、あなたに子供がおられるなら、かわいい子供たちを残して、あるいはそんな子供たちを残して、今、どんなに苦しいからと言って、あなたは死ねますか？　苦労をともにしてきた妻を残して、死ねますか？

そして、もしあなたに年を取った親がいるのなら、その親をおいて先に死ねますか？

最近、リストラや倒産などで仕事を奪われ、経済苦から死を選ぶ中高年が増えていると報道されています。痛ましいことです。それでも私は、死んではいけないと声を大きくして言いたい。死んではいけません。

私は友人からよく、あなたは自分で病院に行って病気を作っているとか、そんなに体が弱いの、と言われます。ある人は、寿命は生まれてきた時から決まっているものだ、クヨクヨしても始まらないと言われました。またある人は、何をしても死ぬ時は死ぬのだと。そして平素から、人生は太く短く生きたらいい、今の世の中に未練はないと言っていた友人もいました。その人が病気になり入院した時、最後に私が見舞いに言った折に、子供のこと、妻のことを心配してもっと生きておりたいと涙を流していたことが私の頭から今も離れません。愛していた妻との楽しい出来事を、子供たちとの過去のエピソードを一生懸命に私に話してくれました。人間という動物は、人生の終末にならなければ自分にとって最も大切な物は何か、ということが分からないものなのでしょう。

あなたの人生は、体は、あなただけのものではないということと、平素の微々たるあなたの考え方と、行ないで、変えていくことができるものだと思いますが……。

どんなガンでも、早期発見だと直ることも頭の中に入れておいて下さい。人間は頭脳があるだけ本当は弱い動物だと思います。困ったことや、病気になって心配している時など、考え事ばかりして眠れない夜は長く感じられます。まだ二時だ、三時だ、四時だといつもと同じ時間であっても、苦しい長い時間に感じられます。いつもと同じ道を歩くにも、義理で行きたくないところへ行く時、体が悪く、疲れている時、足を痛めた時、病気になって病院に行く時、平素何も感じないわずかな道のりでも長く感じます。自分が常に不幸と感じている人はどうして自分はこんなに不幸なのだろうかと、ますます不幸になっていくのではないでしょうか……。人は体と心の健康もちょっとした考え、行ないにて維持できます。

また、人生で迷っている時は平素テキパキと仕事をこなして見える方も、判断、決断、実行が適切にできるでしょうか。このように人間は心と体のバランスがいかに大切か考えて見た時、自分の身体が健康である大切さが分かるのではないでしょうか。

そのために、私たちは文明社会の人間です。知識があります。知恵があります。自分の体、そして家族たちの体の管理ぐらいできます。後悔しなくて済むように頑張って下さい。

第二部　社会との関わりの中で、人はどう生くべきか

一、信用と信頼関係

人間社会で信用される、信頼されるということは、長い人生においてどれほどプラスになるか考えてみたことがありますか？

共存共栄で手を取り合いながら生きている人間社会では、お互いが信用と信頼をなくしたら、生活自体ができなくなるのではないでしょうか。いや、なくなりつつあるから、最近自己中心的な事件が多発してきているのではないでしょうか。

しかも信用と信頼は、数字や形では表せない人の心と心の繋《つな》ぎを信じさせる行為で、失うのは簡単ですが、幾らお金を積んでもお金では買えないものだし、そして、自分自身が長い間努力をし、時間をかけて作ってきた行為を他人様より（信用する）というお墨付き

をいただいて得る大事な宝物だと、私は思いますがどうでしょうか？

そして一度失えば再度、この生きていくために必要な信用を得るには今まで以上に大変な努力が必要だと思います。また、俗に言う信頼関係とはその信用をお互いに認め合い、その信用の上に頼り合って生きていく行為だと思います。親子、兄弟、夫婦、良き友人はもとより、現代のあらゆる企業も、組織も、この信頼をなくしてはなり立たないのではないでしょうか。

その信用にもいろいろあると思います。

A　金銭的な信用……公私ともに何事の会計をも明快にする。決まった金銭は決まった日時に支払う。計算に強い。この反対は俗に言う、あの人は金銭的にルーズで信用できないね……と、言うもの。

B　時間的な信用……決まった日、時間を守ること。時間のルーズをなくす。友だちとの待ち合わせで汽車の発車時間が迫ってきた時……あの人はいつも時間には厳格だから大丈夫だよ……と言われるような人。会議の時等、時間通りに来ている人。

C　行動的な信用……頼まれたことは必ず責任を果す。規則等決まったことは守る。会社のある難しいセクションを任せられる人。常に言葉と行動が伴っている人。他人より頼まれたことに対して責任を負える人。できることはできる、できないことはできないとはっきり言える人。知らない人が、あの人は大丈夫かな……彼を信用している人から彼なら絶対大丈夫だよ、と言われるような人。

D　社会的な信用……社会のためになるボランティアをよくして、私利私欲な行動を取らない。何事も公正に、敏速に、客観的に物事を考え処理できる人。たとえば、銀行からお金を借りる時、銀行側はその会社の社長が、社会のために、社員のために朝早くから一生懸命働いて社員をかわいがっている社長と、賭けごとや、女道楽をしている社長と、どちらが信用があってお金を貸してくれると思うでしょうか。

E　頭脳的な信用……ある特殊な事柄のオーソリティーである、あるいはスペシャリストである人。この研究は彼の頭に任せたら大丈夫だよ……この裁判はあの弁護士に任せているのならば大丈夫だよ……この病気は

F　恩と人情を忘れない信用……義理と人情は日本人としての心の故郷ではないでしょうか。困った時、人から助けてもらった恩を忘れたならば、多分、恩知らずというレッテルを貼られるでしょう。今の自分では返せない恩でも、感謝の気持ちは忘れないようにしたいと思います。そして反対に、自分ができる範囲内にて人を助けることもまた信用と信頼を得る要素と思いますが……。

あの先生に任せておけば助かるよ……と言われる人。

G　アンバランスな複合的信用……Aは信用できるがEの創造性もなく、ポリシーもなく、おとなしいばかりで自分の意見もなく、人の言うなりに動く……このような各自アンバランス的にならないように、トータル的な信用をつけたいと思います。

H　その他いろいろな平素の行ないから生まれてくる信用等があると思います。

たとえば、何事も口から出任《でまか》せを言う人。嘘つきな人等です。平素、誇大壮言を言っているわりには、口と実行が伴わない人ではないでしょうか……常に私利私欲的な考えを持っているような人。

有口無行型な人。

私の今まで生きてきました人生の経験から申し上げれば、私を含めた人間社会では、個人の人生の中で他人様に信用、信頼をされないことほど無念を感じ、恥をかき、損をすることはないのではないでしょうか。一般社会の中で信用が必要な役の会計役一つ取っても、あの人は金銭的にルーズだから、私利私欲に走りがちな人だからとか言われて、指名をさせてもらえず恥をかきます。一方、平素の行ないがよく、皆さんから信頼されている人は、この人だったら会計を任せても大丈夫ですよ……と皆さんから信用される。

このことは、個人一生の内には社会生活上において有利になることと、不利になることの大きな格差が出るのではないでしょうか。と同時に、一種のいじめのもとにもなるのではないでしょうか。私たちはこの信頼という絆《きずな》をもとに、世の中を正々堂々と、各人、お互いに信じ合い、胸を張って生きて行きたいと思いませんか？

また、前記のDの会社の例のように、担保より経営者の信頼と、企業の成長性を重視する現代では、資金が必要になった時でも、銀行よりお金も借りられない状態になり、自分自身の社会生活に不利になる可能性が大いにあると思います。

この信用がないということは、この世の中の仕組みとして、社会の中に飛び込んで行けば行くほど、自分の一生涯の中でどれほど損をすることか、数え切れないほどあると思います。

あなたが長い人生を送っていくプロセスにおいての学業、結婚、就職、出世、社会の中での諸々の信用、銀行等のお付き合いにて（最近の銀行ではクレジット、クランチの基準として、企業はもちろん、個人に対しても、不動産等の担保よりも社長や役員の会社に対するスタンス、個人では平素の社会的信用を特に重視しているようです）

たとえばあなたが反社会的な行動を起こした時には、本人はもちろんのこと、遺伝子等によって親兄弟までが後ろ指を差されて、今の生活に影響が及ぶことが現実の世界ではないでしょうか。

人間は信用、信頼され、それによって人様よりいろいろのことを頼まれ、人のためになることができて、皆さんから感謝され、そこに、自分がこの世に生きていく、生き甲斐という価値観を認識し、また、自分の心の内が清々しい気持ちになり、胸を張って堂々と生きていかれるのではないでしょうか……と私は思っています。

もう一度言っておきます。信用と信頼はお金では決して買うことができない、命の次に大事なあなたの財産だと私は信じています。しかも一度失えば、再度得るためには莫大な時間と労力が必要になります。

何一〇年も前の話になりますが、こんなことがありました。

ある友だちに不渡小切手を出さないために半月でいいから、お金を貸して欲しいと言われて無断でお金を貸して上げました。社長である父に黙ってです。ところが間もなく、ある問屋さんが私のお店に来て、金融物の安い品物があるのだけど、ということで大量に商品を買いました。問屋さんへの支払いは、通常私の会社では二〇日。〆切りで月末支払いでした。この問屋さんも月末には必ずお金がもらえると信じているからこそ商品を持って来てくれたと思うし、また私の信念として支払いを延ばすことは絶対にできません。お金を貸してあげた友人のところへ行きまして、これこれ、しかじかだとお話をしました。その友だちは平素から真面目な人で私は信用していました。しかし支払日の前日の夕方になっても貸したお金を持って来ません。私は諦めて問屋さんに二日ばかり支払日を伸ばしてもらうように電話でもしようかと考えていました。ところが夜になって、彼は貸したお金全額を持って来てくれました。後で彼が打ち明けてくれましたが、親戚、友だちの家を歩き回ってお金を寄せ集めたために、届けるのが遅くなったそうです。

これからの自分の社会的信用をなくしたくないと考えたからだと彼は言っておりました。

そして、後々にて彼いわく、どうしても親友であるあなたとの信頼関係を失いたくなかったとのことでした。これ以来私は彼を信用、信頼したことはもちろんです。今でも助け合っています。友だちだと思って甘えず、約束事は必ず守る、この信念が信用、信頼を得て自分の人生を助けてくれる源の一端だと私は確信しています。

一方では、このようなこともありました。大雪が降っていたある日の昼頃、とある喫茶店での出来事です。一人の若者が大声で会社に携帯電話を掛けていました。風邪を引いて咳と熱があるので会社を休ませて欲しいとのことでした。私が一見したところ元気そうです。電話を切ってから喫茶店のマスターと話をしています。会社の帳簿が二〇日〆切りで今日は特に忙しい日なのに雪かきでは疲れてしまうのでサボるに限る……世の中は要領よく立ちまわらなくては……安給料だから真面目に働けないよ……とのことです。やる気がある人ならば、今日はいつもより忙しい日だからいつもより早く出社して雪かきをしていると思います。

私はこんな従業員を雇っている会社、こんな従業員の尻拭いをさせられていて、常に一緒に真面目に働いている同僚たちが可哀相に思いました。それ以上に彼が哀れに思えてなりませんでした。必ずその内に彼の本心が分かり、彼の信用と信頼は彼の身近な社会から剥奪されて、惨めな人生を送ることになるだろうと思いました。あなたはいかが思いますか？

もう一つ私が経験した例を書いておきます。

昔、私が寝具店を営んでいた当時のことです。店員さんを田舎の方から募集して手伝っていただいておりました。田舎から何も知らない都会に女の子一人で出てくるために堅い安全な就職先を見つけて出てまいります。特に堅い商売の寝具店は裁縫など手に技術を教えてもらえますので、女店員は割合に集まってきました。三月に学校を出たばかりで、右も左も知らない金の卵です。裁縫は近所の学校に通わせ、料理、一般常識、接客方法などいろいろな生活のコツを一生懸命に教えてあげます。やがて翌年の正月休みで何がしかのボーナスを上げて里帰りをさせます。今まで赤字で一生懸命に磨いてきた金の卵ですのでこれからやっと一人前の店員になって、店のために働いてくれるものと楽しみにしておりますます。ところが、決めていた日になっても帰ってきません。女の子の実家に電話をしますと体を壊しているので辞めさせて下さいとのこと。病気では仕方がないと諦めておりました。そうしたら、もう一人の店の子に、その病気で辞めていった子から電話があり、裁縫ができるなら手伝って欲しいと言われ、他の店で働いているとのことです。学費を出し、大変な苦労をして一人前に育てた金の卵でした。他人の温かい心も知らない、利己主義なこの子は今苦労な人生を送っているそうです。長く働いていました子たちは今でも遊びに来ておりますし、いろいろな人生相談にも来ております。

もしあなたが反対の立場ならばどう思いますかと問うて見たいと思います。恩を忘れ、情をなくして、信用、信頼が得られるでしょうか……。

この信用と信頼がないところには争いも発生しやすくなると思います。いろいろな話し合いの結果でもお互いに信じ合い、信頼がなければ疑心暗鬼になり、ちょっとした行き違いの小さなことでも争いの、もとになります。会社側と従業員側、成果主義からくる従業員同士の不信感、土地の境界線、金銭の貸し借り、インフォームド・コンセントがなくお互いに信用できない医者と患者の間の問題等。

国同士でも同じで、小さな争いからお互いの信頼関係がなくなり、相互不信になり、大きな戦争にまで拡大していってしまいます。信頼——誤解——紛争——の繰り返しから相互不信が増幅され、大きな戦争になります。たとえばパレスチナ問題、アフガン紛争、コソボ問題、インドとパキスタンのカシミール問題、イラクの問題、北朝鮮問題等、多くの紛争が相互不信から起きております。

あなたも胸に手を当ててよく考えて下さい。人間、生きていく上で信用、信頼がいかに大切かお分かりになると思いますが、どうでしょうか……。

しかし、現在の社会では信用、信頼を踏みにじるできごとが多くなってまいりました。国民に奉仕するべきはずの政治家を始め、官僚（議員先生、秘書、外務官僚を始めとしたキャリア組の贈収賄、金品の使い込み、仕事の怠慢。自分たちの天下り先の確保等）。一方、社会に奉仕するべきはずの大会社から中小企業までのコーポレート・ガバナンスから起こるモラル・ハザード（雪印を始めとして諸々の不正、古い牛乳の再使用、BSEの不正買い上げ事件、鶏の肉、えびの抗生物質、有機野菜等の表示違反、建造物の手抜き等）。

もっと深刻な問題は教育の場ではないでしょうか……本来は教育の原点であります人を信じて、また愛して、助け合って、平和な世の中になるために生きていくように教えていくべきでしょう。しかし、今はどうでしょう……人を信じるな……知らない大人に付いて行くなと学校で、家庭で教えております。いやこのようなことを教えなくてはならないような不安な社会になっております。このような教育で、社会で良い人間ができるはずがないと思いませんか？

これから先の時代に、もしかしたら企業の格付けのS&Pや、ムーディーズのような会社があるように、各個人の信用を格付けする会社ができてくると思っております。

Ａ君はａａ、Ｂ君はａ、Ｃ君はｂだというように……人権問題で多少無理があると思いますが、現実でもサラ金の間ではあるそうです。

あまりにも社会が乱れております。大人が子供たちに対しての諸々の事件、関西でありました学校での子供殺傷事件、身代金誘拐事件、また学校内での虐め問題、家庭内での子供の虐待等、例をあげればキリがないほどあります。こんなことでは人間の信頼関係は寂しくなるばかりです。特に親友とは、この信頼関係の上になり立っているのではないでしょうか……現代社会はお互いが信用できない、信頼できない、冷たい、寂しい社会になっているように思えてなりません。一部の心ない人から、素直な心を持っている人類の、信用、信頼を食い物にしないためにも、されないためにも、皆でよく考えようではないですか……。

こんな社会にしたのは誰なのだ、誰が悪いのだ……誰のせいだ……住み良い社会を作るために……私たちは、今できることをやりましょう。

二、何事も相手の立場になって考えよう。そして人を見る目を養おう

私は人の痛みが分かるような情のある人間になりなさいとよく親から言われてきました。痛みと言っても、肉体的（怪我や病気等）な痛み、精神的（身近な人の死や倒産等）な悼《いた》み、その両方持った痛みもあります。また、いかなる人でも悲しみ、哀れみ、愛《いと》しさ、嬉しさ、怒り等、人が持っているいろいろな心の変化があります。その心の変化を理解してこそ、親切とお節介の項で書いておりますように、どこまでが親切で、どこからがお節介になるのかが分かってくるのではないでしょうか……。

目先の利く人間にならなければ出世しない。それには、相手がどんな人間か、今何を考えているかをよく考え、自分が相手ならばどうするかと、教えられてきました。

あなた以外の人に対して、もしあなたが行動を起こす時、たとえば、あなたが他人様と商売、会社、団体交渉等、社会人として人様と話し合う時、また近くでは夫婦、親子の場合も同じだと思いますが、いろいろな話をする時には自分の言い分、立場だけを主張する

のではなく、相手の言い分、立場をよく理解することも非常に大切だと思います。親子の対話も同じで、親が子供と話をする時も、子供の話をよく聞いて上げてから、子供に対して、お前はそのように思うかもしれないが、お父さんはお前より長く生きてきた経験上から言えば、このようにした方がベストだと思うよ……と、子供の立場になって話し合う態度が大切ではないでしょうか。

その他いろいろな場合、相手が何を考えているのか分からない時には、自分が相手だったらどのように思うか、どうするかと考えてみてはいかがでしょうか。そうすると、自然に相手に対して自分がどういう態度をとったらいいかが分かってくると思います。

しかし、そこには相手の平素の信頼度と立場を考えていかなければならないと思います。平素真面目で、信頼度がある人と、ずる賢い狡猾《こうかつ》な人か、嘘つきな人かを見る目を、観察できる目を養っていくべきではないでしょうか。その上からケース・バイ・ケース、相手の立場に立ってから考えていけば、自然に答えが出てくると思っています。

この広い世間には、人のために命を落とす人間もいるし、反対に人の命を奪っても自分の欲望を満足させて生きたい人間もいます。単に人のために親切をするにも、親切とお節介の項に書いたように、私が相手ならばこんなに親切にしていただいて本当に嬉しく思いますが、この人は平素は自分の殻に閉じこもりがちだから、ちょっと嫌な顔をしたから、これぐらいの親切にしておこう。反対にこの人は平素人の愛に飢えていて、とても喜んでくれたから、もっとして上げたらもっと喜ぶでしょうとか……。また、意識の薄い病人などが、とても満足そうな、嬉しそうな顔をして見えるから、手足を揉んで上げるとか、指をさすってあげる等、もっと親切をさせていただこうとか、考えながら行動するのがベストの行動ではないでしょうか。

現代社会では皆様、各人各様、物事の価値観が多様化していることも考えておきたいものです。そして、相手の心の中を読んだ行動を取ることは、良い人か、悪い人か、騙されて嫌な思いを少なくするためにも、反対に、人を助けていく段階においても、この行為がこの人にとって親切になっているか、お節介になっているか判断がつくと思います。人を見る目を養っていき、このようなことを私は、世渡り上手と言ってもいいのではと思っています。

たとえば豊臣秀吉の出世術を考えてみたいと思います。

一介の貧乏農夫の子倅《こせがれ》が、あの気の短い織田信長に認められ、かわいがられて、最後に天下人になっています。

先輩、同僚からは、サル、サルと小馬鹿にされながらも、信長の心を掴んだ知恵。この知恵は自分があの気の短い信長だったらどうするかと、常に考えていた結果から編み出した天性の知恵ではないでしょうか。信長の草履《ぞうり》を秀吉が胸で温めたという有名な話があります。

冬の寒い雪の降っている日に、陣屋から出てきた信長が草履を履きました。その草履が温かいのです。信長は「サル、わしの草履の上に腰掛けていたのであろう」と怒りました。秀吉はすぐに「殿の足が冷たいだろうと思いまして、殿の草履を私の懐の中に入れて温めておりました」と答えました。これは秀吉の出世の中の一つのエピソードです。

豊臣秀吉が貧しい百姓の息子から天下人になれたことも、多くの相手（蜂須賀小六、織田信長、明智光秀、前田利家等）の心を先に読んできた結果だろうと思います。

このことは、秀吉が常に私が私の主人である信長だったならばと考えたから出てきた知恵だと思います。

秀吉のあの有名な一夜城も、相手がまさかと思っている常識破りのことも考えております。秀吉以外にも、歴史上の、あるいは現在にも、苦労をして世のため、人のために尽して、貧乏から、平民から世に名を残した人が大勢います。人の心を掴み、相手の立場になって考えた人だと、私は考えております。

そして、人の心の最大の変化の喜怒哀楽の喜び、怒り、哀れさ、楽しさを始め、人の心の痛さ、苦しさ、辛さ、恋しさ等は、自分の心身と相手の心身が重なって考えてこそ分かるのでないでしょうか。そこから人としての情けが生まれ、奉仕の心が分かり、生まれてくるのではないかと思います。そして他人様に喜ばれてこそ、結果に自己満足が湧いてくるものだと思っています。

実際に私が見て来たことですが、自分の子供が知らない子供と一緒に遊んでいます。親も一緒にいます。自分の子供のためにおやつのビスケットを持って来ましたので、自分の子供と一緒に遊んでいます子供にも直接ビスケットを上げました。ところが一緒に遊んでいた子供の親が来て、子供を怒りながらおやつを取り上げましたので、子供は泣き出しました。

私なら相手の子供の親になって考えます。まず、

Ａ　お腹でも壊していないか。

Ｂ　厳格な家で他人からもらう癖をつけさせない家か。

Ｃ　手が汚いとか、うがいができなくて衛生上か。

D　その他の理由で。

そのためにビスケットを取り上げる前に親御さんに一言「子供さんにビスケットを上げてよろしいですか」と。そのように、一つ先の相手のことを考えたならば、子供は泣かずにいられたと思います。

この話の結末ですが、子供の親はすぐにビスケットをもらった親に、この子は卵アレルギー体質で食べられないと弁解をしていました。これは近所の公園で私が見たできごとでした。

自分サイドの考え方ではなく、もう一歩相手のことも考えてからアクションを起こしていったらどうかと思います。また、もらった方の子供の親御さんは、ビスケットを上げた親の親切に対して、その心を汲んで、お礼の一つでも言って欲しかったと思います。

団体交渉などの例を上げますと、あるスーパーと地元の商店街との出店の説明会がありました。スーパー側では都の条例で商店街に説明だけしてたらいいようになっているのです。商店街が反対しようが、しなくても、説明会を開いたという既成事実だけ作ったらいいわけです。会場もスーパー側で提供している場所です。スーパー側では当日大勢の商店街の方が来ると思っております。そこで商店側では説明会を開いたという既成事実を作らせたらだめだと、後二度も三度も会合を開いて交渉をしなければならないと思っておりました。スーパー側の一方的な説明会をさせないためには、どうしたらいいかと考えました。そこで考えたのが、もし私たちがスーパーサイドの人間だったらば、この説明会をどのように進行していくかということです。この会合は多分多くの商店主が来て揉めるだろう。それを見越してマイクを商店主たちに渡さずに、マイクの音量を大きくして、一方的に多分話すだろう。このように商店主たちは考えて携帯用のマイクを何台か用意しました。結果的には思った通りになり、会場の備え付けのマイクは商店主たちの手には渡らずでした。もちろん、持って行った携帯マイクが功を奏して、この説明会はお流れになってしまいました。私も商売をしていました関係で、特にお客様の心の中を察するように心掛けてまいりました。

お客様がお店におみえになって、商品を見ております。今ではスーパーやコンビニのお陰で、勝手に見ていて下さいと言えますが、昔のお店では必ずと言っていいほどお客様の傍《そば》に行って、応対をしておりました。その関係上、まずは見学だけのお客様か、品物を買いにみえたお客様かを判断します。その判断の上で、見学だけのお客様には同業者で勉強をしにみえておられるのか、少しでもお買い物をする気のある方には、どのようにして買っていただくか、または、しつこく説明をするとうるさく思われないかを判断します。品物を買いにみえたお客様には、品物の色、柄、値段の高いもので質の良いもの、質よりも値段の安いものを求めているのかを即座に判断して対応をしなければなりません。

このように相手の気持ちを速く察することは、商売繁盛に繋がり、商売人として必要ではないでしょうか……。

私は相手のその時の立場や心を掴めなかったための失敗談として、今でも悔やんでいる事件が二つあります。

あれは、たしか昭和二九年頃だったと思います。高等学校を出て名古屋の方へ出て来た時の話です。昼間働いて夜学に通っていた頃で、私の人生の内で二番目に苦しい時代でした。因みに、一番目は終戦後の旧満州での生死に関わる生活でしたが、それはまた他の機会にお話しましょう。話を戻しまして、そんなある日のことでした。高校時代の同級生のN君が来ました。たしか三〇〇〇円ぐらいの金額だと思いましたが、お金を貸して欲しいとのことでした。当時、その日暮しの私にとって、三〇〇〇円は大金でした。一晩泊めて1000円ぐらいだったと思いますが、お金を貸しました。私は彼にはたしか親、兄弟がいるから何とかなると思っていったのです。ところが、彼が帰って四日目の新聞紙上に彼が旅館で首吊り自殺で死んだことを知りました。彼の本当の気持ちを察することができなかったことを今でも悔やんでいます。もっと泊めて上げたら良かったとか、両親に知らせて上げたら良かったかなとか、今考えても友をなくしたことに心を痛めています。

当時の私にはN君の心の内が分からなかったのです。今でも彼のことを思い出した時には手を合わせ、冥福を祈っています。お金のない辛さを味わった一つの例です。

もう一つは、私が商売をしている四〇年頃のことです。それ以前に幾度か、ある問屋さんの外交として私のお店に来ていました人がみえました。この人もやはりお金を貸して欲しいとのことです。問屋を止めてから東北の実家に帰り、商売をしているとのことです。東京に仕入れに来て札束が入った財布を落としてしまったのだそうです。小銭があったからここまで来ました、と言い、悪いが家に帰ったらすぐに返すから、五万円ほどお願いします、とのことでした。汽車賃ではそんなに掛からないのではと申しますと、子供たちがお父さんがお土産を買って来るのを待っているのでお願いしますとのこと。私は信じて貸してやりました。ところが、それから何日たっても返事がありません。痺れを切らして電話をしました。その電話はまったく違うのです。そこで初めて詐欺に遭ったと感じましたが後の祭です。人を助けてやろうとした善良な気持ちをもて遊ばされた悔やしさに、一時は人を信じたくなかった時代もありましたが、今では、よほどお金に不自由していて、かわいそうな人だなーと、思うことができるようになりました。もしあの時私がお金を貸して上げなかったなら、もっと悪いことをして前科者になっていたかもしれません。騙されてよかったのかなとも思っています。

私は人を騙すよりも、騙される方がいいことだと思っています。

このように、相手の立場になって物事を考えたら、自然にいい解決法が湧いてくると思います。いいこと、悪いこと等、何事も話をする時には相手がいます。個人と話す時には相手は何を考えているだろうか、もし私が相手の立場ならば、どのように考えるか……また、大勢の人と話す時には、その最大公約数を考え、ターゲットを絞り、もし私が相手の立場ならばと考えたいと思います。

情に弱い人、冷たい人。お金に綺麗な人、汚い人。頭の良い人、悪い人と……相手の人柄を見てから、相手の立場に立って考えていきたいと思います。その方が良い結果を得ることが多いようです。

三、リーダーの心構え

会社の社長、部下を引っ張っていく各部門の長、管理職、各界の組合、同好会と、各人、長い人生の中では、あなたもリーダーにならなければならない時がきっとあります。

今までの私の人生の中で、良きリーダー！だった人が大勢いました。先を読む先見性、いろいろなアイディアを出す創造性と改革性。いろいろなことを組み合わせて良きものを作る応用性。良いと思ったことを態度で起こす決断、実行性。そして、前項で書きましたような、人を見る目を養っていって、相手が何を思っているのかを見極める判断力等を考えながら、リーダーシップを持っていかなければならないと思います。

私はいろいろな経験上、次の条件が備わったリーダーが良きリーダー・シップを発揮しているように思っています。

まず五条件として

①情熱と愛情を持っていること。

②自分の使命感をわきまえていること。

③確固たる信念を持っていること。それと同時に、素直に非も認める心も持っていること。
④先見性のある判断力と決断力を持っていること。
⑤説得力を持っていること。
自分に与えられた立場やポジションをよく理解して、情熱を持ってその任に当たり、自分は何をするのか、しなければならないかを自覚し、それを達成するにはどうしたら大勢の人をまとめて、スピーディーに、確実に、正確に達成できるかを常に心得ている人こそ本当のリーダーではないかと思っています。

その他に、私は次のようなことも持っていたならば良いかと思います。
①皆さんの意見をよく聞いてから結論を出す。それがリーダーとしての普通の道だと思います。
②皆さんに意見を言わせるようにする。そして皆さんの意見のコンセンサスを作ること。
③皆さんの心を早く読む。ある事柄について説明をする。大勢の雰囲気が賛成か反対か説得して納得させることができるかできないか。
④時には自分の意見を表示して、強いリーダー・シップを取る。自分がやりたい事柄に

責任が取れる時には、会議の席では冒頭から説明し流れを掴んでしまうことも大切ではないでしょうか。

⑤自分の応援団を作っておく。良き友人、良き先輩、良き部下と、平素から良き関係を作っておいて、良き相談相手に、アドバイザーになってもらう。前にも書いておりますように、人間一人だけでは生きていけません。と同じく、責任者たるものは大方の賛同と手助けが必ず必要です。

⑥なるべく仕事は誉めながら人に頼む。あるいは、人を上手に使うコツを考えたらと思います。自分でできる仕事、自分がした方が速いと思った仕事でも、他人に頼んで責任を持たせた方が和ができ、人と人との共同体の関係が作りやすくなることも多くあると思います。平素他人に仕事の満足感という手柄を分け与えず、何でも自分一人で仕事をこなして満足していても、他人はついてこないと思います。困った時にだけ頼んでも、助けてくれなくなると思いますが、一方、反対に人が嫌がる仕事をすることも忘れないで下さい。

⑦失敗を他人のせいにしないで、責任者たる自分が責任を取る。私の経験上から申せば、自信のないリーダーや狡猾なリーダーは、会議の席上では何も意見を言わないで、他

人から何か言われた場合、私は本当は反対だったのだとか、多数決で決まったから、誰々が言ったから……と、自分の立場、責任者としての資格を放棄しているような態度を取る人がいます。リーダーたるもの、自分の立場としての意見は必ず述べることと、決を採った場合は多数決に従うことはもちろんのことと思いますが、この件については一言異論があります。たとえば、ある委員会を作ります。委員を初めからイエスマンを意識的に多く入れておきます。いくら良い意見を提出しても、一方的な可決になると思います。委員の中は賛成、反対、中立の人選をすることが大事でしょう。

もっと良きリーダーは、成功、手柄を手伝ってくれた人のお陰として、その人たちを褒めます。人はよく見ているものです。ノーベル賞をもらった大勢の人は、自分が考え出した結果ではなく、自分の周りの大勢の人の協力があったからもらえたのです……と言っておられるのが思い浮かびます。

⑧自分の強固なポリシーを持つ。人間は神様ではないので、必ず失敗もあります。話し合いの中で自分の意見が間違っていると思えば訂正し、方向転換するべきだと思うし、そういう行為は却って人様から認められることになるでしょう。しかし、自分の持論を度々変えるリーダーは、人から信頼を得られなくなると思います。勉強をし、常に

自分のポリシーだけは持っておきたいと思います。

⑨自分の飾り気のない本心を伝え、人の情を信じて、上手に仕事を手助けしてもらうよう仕向ける。良きリーダーは先ず自分に忠実でなければならないと思います。何も実行しない、口だけのリーダー、自分は何もしなくて、調子の良いリーダーではなく、情のあるリーダーになりたいものです。

⑩本音を言わせる場所を作る。時には喫茶店、居酒屋等に行って、一般会話から皆さんの本音を知る。

⑪そしてその会社の、部の、会の、組織の中の自分の立場を理解し、その目的を執行するための手段を明解にし、リーダーとしての決断と行動を起こす。

⑫社会からの信用、信頼を得て、自分自身に克つ強い意思を持っていきましょう。

⑬特に職益組合や商店街等を引っ張っていくには、グローバルな考え方を持つことが必要だと思います。いろいろな行事を行なう時、金持ちの大きな店、反対にその日暮らしの小さな店、経営者が若い人、年寄の人。各店舗の職種による考え方の相違等、会員全体のコンセンサスを常に頭においた行動を取らなければ、良きリーダーとは言えないだろうと思います。

⑭会社などでは、自分の周りにイエスマンばかりを置いておくと、自分の考えが間違っていた場合等、会社を倒産させる原因になるかもしれませんから、人選には気をつけていくべきだと思っています。

このように考えて仕事をすれば、たとえ反対者がいて今は会員に評価されなくても、必ず後であの人がして来たことは正しかったと評価されると思います。良き社会を作るために、是非良きリーダーになって下さい。リーダーとは、大は世界を、国を、大会社を引っ張っていく人から、小は隣近所、小さな同好会、クラブ、自分の家庭の中でといろいろあります。

あなたがどの部類にいようとも、この世の中で良きリーダーになって、良き社会を築いて欲しいと思います。

四、三つの言葉

戦中派の私たちが教えられてきた昔の教育勅語の中に、「父母に孝に」「夫婦相和し」「朋友相い信じ」という言葉がありました。私は今さら昔の言葉を持ち出したくないのですが、昔のことでも現代のことでも、悪いことは改めていかなければならないし、良いことは次世代に残していかなければならないと思っております。また、教育勅語ですから皆様から軍国主義ではとお叱りを受けるかもしれませんが、私は私なりにこの言葉を次のようにアレンジし、解釈しております。

この三つの言葉を、私はよく結婚式のお祝いのスピーチに使っております。

①父母に孝に

親が子供を愛して育てる。これは動物の世界にもたくさんあります。親ザルが子供のサルを背中に乗せて逃げております。他の肉食獣から子供を庇《かば》うためでしょう。また、昔から子連れの熊には近寄るなと言われております。子供を庇うために親熊は捨て身で攻撃してきます。しかし私が知っている範囲では、子供が年を取った親を養い、看病している動物は人間以外にはいないと思います。子供が親の面倒を看る。親孝行をする。これは人間だけが持っている素晴らしい伝統であり、文化だろうと思います。

しかし、最近新聞紙上で子供が親を殺す、親が子供を殺すという悲惨な事件をよく目にします。親子の絆はどこへ行ってしまったのでしょうか。人間としての伝統、文化、この世に生まれてきた責務を、誇りを、ジックリ考えてもらいたいと思います。

あなたの前に見える老人になった父母を、自分を苦労をしながら育ててくれた恩に対して、大切にし、面倒を看ながら孝行をして上げるべきだと私は思います。あなたも必ず人の親になり、自分の子供を育てるでしょう。その時、親が今いる自分をどんなに苦労して育ててきたか分かると思います。そして自分も必ず老います。あなた自身、子供たちに、家族に、周りの人に、世話になりながら人生の終末を迎える時が必ず来るのです。

そのためにも親孝行をするのが、人間として生まれて来た責務ではないでしょうか。それを果たさない報いは、必ず自分に返ってくると思います。

親元を離れて都会で暮らしている人に、一つの親孝行の仕方を書いておきます。

私の場合、家庭の事情で名古屋の親元を離れて東京に出てまいりました。経済的、家庭的に苦しい時代で、一生懸命仕事をしておりましたので、年に二回、盆と正月ぐらいしか親に会いに行くことができませんでした。母親は早くに亡くなっておりまして、父親だけでした。

この本を読んでいる若い人で、親と離れ離れに暮らしている人の多くは、何ヶ月に一回、一年に一回、いや何年に一回かは親元に帰られることと思います。いや、是非顔を見せに帰ってやって下さい。

私の父親は、いつも、どんなお土産よりも、お前の元気な顔を見るのが一番嬉しいよ、と言っていました。その親も晩年の五、六年はガンという病魔に取りつかれて寝た切りの状態になってしまいました。親を見舞いに行く時には、久しぶりに親父に会える嬉しさで浮き浮きです。しかし、会う度に痩せていく老父の姿を見て、できる限りの時間を老父との対話に努めてまいりました。やがて東京へ帰る時間がきます。帰る時の寂しさ、別れる度にこれが今生の別れになるのではと思って、帰ってまいりました。そして帰る時には必ず親父のやせ細った手を強く握り締めて、目と目を合わせてから長生きするのだよ、また来るから元気でいてよと、お互い涙をにじませながら必ず言って別れてきました。

そして、一旦玄関を出ましても、これが最後になるか分からないと思い、もう一度、生きた親父の顔を自分のこの目に焼き付けるために、靴を脱いで再度会いに行ったこともありました。私のその時の侘《わび》しい心の内、老いたる親父は私以上に寂しかったに違いなかったのではなかろうかと、今思っても懐かしさと悲しさが湧いてまいります。

その親父も今は天国に行ってしまいました。もっと親孝行をしておけばよかったと、今、この本を書きながら後悔しております。あなたに現在親がおいででしたら、どうぞ、精一杯親孝行をして上げて下さい。

今のあなたにできる親孝行は、時には田舎の親元に帰り、元気な顔を見せることが、電話で元気な声を聞いてもらうことが、親孝行の原点になるのではないでしょうか。どんな高価な品物を送るよりも、あなたの心からの愛の言葉に勝るものはないと思います。

私は良き友を持つ一つの目安として、お互いに自分の親の自慢話を語り合えることがあります。そういう人であるなら、必ず良き友になってくれると信じております。また、自分の子供たちが、親である自分たちを胸を張って自慢できる親になりたいし、そのような親の子供は素直な子供になること間違いないと思っております。この親にしてこの子あり……になれるよう努力して生きていきたい、間違っても粗大ゴミだと言われないような、良き親に、良き老人に、また、自分たちの子供が良き子供になるよう、お互いに頑張って教育していけたらと思いますが……しかし、最近では子供が親を看て上げるのではなく、パラサイト・シングルという言葉までできているように、老いた親が大人になっている子供を養って上げている現実。これから先の人間社会はどうなっていくのでしょうか……。

孝行をして上げたいと思う時、親はなし——にならないように……。

②夫婦相和しと我が子供

夫婦相和しとは、夫婦仲良く、お互いに手を取り合い、助け合って、信じ合って自分の家庭を守りながら生きていくことだと思っています。そして、この世のあらゆる生あるものは、この世に生まれてきた以上、良き子孫を残して、その子孫のために良き環境を作ってやる責務を負って生きていくべきだという自覚と、それを実行していくにはいかにしていくべきか、そして、それを実行していくプロセスを真剣に考えていくべきではないでしょうか。

子孫、種族を残すために、地球の上に生きているあらゆる生物は、雄・雌、＋・－、からなっています。そして、少しずつ環境に適した生き物になるように進化しながら、自分たちの子孫を残してきたし、残していかなければならないと思います（例外的に両性の生物もおりますが）。また、子孫を残す方法もいろいろあります。人間を筆頭に雄、雌が一緒に生活している生物。ある時期だけ、また偶然に出会った時だけ一緒にいる生物。草木のように昆虫や風などの媒介によって子孫を残していく生物もあります。

しかし人間という生き物は、他の生き物よりも知能があるために、昔からの文化を受け継いできて、夫婦二人を中心にした家庭を作りながら生きてきました。この家庭の中心である夫婦は、常に意思疎通のために話し合い、仲良く、お互い助け合いながら生きていくのが本来の心ある人間の姿であろうと思います。そして、夫婦は必ず訪れる人生の終末が来た時に、お互いに、長い間お世話になりました。私に良き人生を下さってありがとう。あの世でも夫婦になりましょうねと、感謝の気持ちを持ってあの世に別れて行けるような夫婦になれればベストの夫婦ではないでしょうか。

歌の文句にもあるように、もしかしたら生まれる前から赤い糸で結ばれていたのかもしれません。夫婦というものは、なんかの縁で全然知らない者同士が、一緒に生活することになるのですから。お互いに生まれてきてからの生い立ち、お互いに生きてきた文化「家風」、性格と体質、学歴、すなわち全然違った価値観を持った者が一つ屋根の下で暮らすのです。それにはお互いに相手の立場を理解し、また尊重しなければならないと思います。

結婚生活とは、嬉しい忍耐と妥協の連続の上になり立つものではないかと思います。それを支えるのが「夫婦の愛情」だと思うし、また、それを繰り返すことからそれを上回る「愛情」が生まれてくると思いますが……。自分を犠牲にしてまで相手に尽す。そうすれば相手も自分にしてくれるでしょう。このような夫婦愛のギブ・アンド・テイクでありたいものです。

そして夫婦だけのものではなく、人間の心の本当の癒しの原点として、他人のために良き、喜んでもらうことをして上げる、してもらう、その都度お礼を言ってもらう、言って上げる、そこから人間愛が芽生えてくるのではないでしょうか……。

たとえば、もし、背中などの自分で手の届かないところにおできができました。自分だけでは絶対に薬をつけることができません。相手がいればいつでも薬を付けてもらえます。他人様では時には付けてくれますが、いつでもとはいきません。これが「夫婦相和し」の原点だと思っています。

饅頭を一つ、夫が留守の内にもらったならば、会社から帰ってきた夫とともに半分ずつにしていただく。相手が病気になったならば、一生懸命に看病をして上げる、あるいはしてもらう。このようにお互いに感謝と、助け合いの精神を持ち続けていったならば、必ず素晴らしい家庭に、夫婦になると思います。そして二人の知能と体力を出し合い、補いなながら幸多い家庭を築いていくべきだと思います。その二人の親の姿を子供たちに見せたならば、子供たちも必ずこの親に恥ずかしくない人間になってくれると思います。

この良い人間関係のサイクルが、良き夫婦を作り、良き子供を、良き家庭を、良き社会を作っていく必修条件であり、人類の未来永劫《みらいえいごう》の繁栄と発展の源ではないでしょうか……。

昔から言われていることに、「嫁をもらう時には親を見てもらえ」という言葉があります。良き家庭に、良き子あり……私は今でも信じていきたいと思っております。

昨今、「夫は元気で留守がいい」という言葉を聞きます。私は冗談にでもこのようなことを言うのはとんでもないと思っております。

最近のお父さんの給料は、大方銀行口座に自動振込みになっていますが、昔の我が家では毎月月末にお金の入った給料袋を、家族揃った夕食時にお父さんが持って帰って来ました。お母さんは今日はお父さんの給料日だからと言って、普段より一品多くのおかずを作って待っています。お父さんは会社から帰って来て、手と顔を洗って、服を脱ぎ、くつろ着に着替えてから、全家族の揃った夕食の上座の膳に着きます。そこで、お金が入った給料袋がお父さんの手からお母さんの手に渡ります。お母さんの口から「お父さん、ご苦労さんでした」との言葉が出ます。そして「お父さんが皆のために一生懸命に働いてきてもらってきた尊いお金ですよ」と言いながら、神棚に置きましてから、お灯明を点《とも》します。このような母の教えによって、父親のありがたさ、偉大さと、私は当時、大人になって父親みたいにお金が稼いでこれるかと不安になったことも思い出して書いております。また、母によってお金のありがたさと同時に、お金の大切さも分かりました。これが、私が今思い出しながら書いている、懐かしい我が家の仕来りでした。今はどうでしょう。現代は先述しましたように銀行振込で給料袋がないのです。また、現代の子供から見た時、父はかわいい子供たちの顔も見られないぐらい、朝早くから夜遅くまで働きながら、リストラにならないように頑張っております。

しかし反対に今の子供たちから見た父親像とは、毎日遊びにでも行っていて、自分たちが毎日使っている必要なお金はサンタさんでも持って来てくれている感覚になっているのではないでしょうか。是非お金の尊さ、大切さ、値打ちを子供たちに教えて上げて欲しいものです。お金によって良い人間、悪い人間にもなり、人を殺したり、助けたり、泣いたり、笑ったりして、仏様になったり、悪魔にもなることを話して上げて下さい。

子供たちの前で特に気をつけて欲しいことは、お父さんが一生懸命に働いて下さるからこそ家族が平和に生活していけるのです。また、お母さんがご飯を作り家庭のことをしてくれているからこそ、家族が無事、安心して生きていくことができるのだと、互いに感謝の言葉を子供たちの前で話し合ったらどうでしょうか。

人には人それぞれが生きていくには、それぞれの役目と責任とルールがあると思います。企業家、政治家等、社会人はもちろんのこと、お父さんとお母さんは家族を養っていく役目を、子供は勉強をして立派な社会人になることが本分であることを教えていって上げたいと思います。

人の道としての良し悪しの判断力、感謝の気持ちを持てる子供になるのではないかと思います。結婚という二人の出会いから、自分たちの第二の人生が始まりであり、良き子孫を持ち、老後の人生の目標にしっかりと向かっていくべきだと思います。

子供は素晴らしいダイヤモンドです。ダイヤモンドは棚の上に飾っているだけでは光りません。丁寧に磨いてこそ光沢が出てくるものです。時にはヤスリで荒っぽく磨き、時には羽毛のようなもので柔らかく、暖かく抱きしめて、自分たちのため、人のため、社会のためになる、光るダイヤモンドにしていったならば、必ずや自分のために、社会のために、輝く素晴らしいダイヤモンドになると思います。人類のために一つでも多くの輝くダイヤモンドを作っていきたいものです。そして、老若男女に関わらず、世の中で必要である人間になっていきたいと思っております。たとえば一〇〇歳になった寝たっ切りの老人になっても、この老人を中心に子供たち、孫たち、曾孫たちが和を重んじるならば、この一〇〇歳の老人はこの世の中で立派な必要な人間ではないでしょうか。反面、若い青年でも金は使う、いつも酔っ払っていて喧嘩はする、世間様から鼻つまみの人間ならば、どうでしょう。

これから恋愛をしたい方に一言。外見や、学歴や、財産に惚れるな……。相手の心に惚れるように……。

よく親から怒られながら教わってきた諺を書いておきます。

A　獅子はかわいい我が子を崖から谷に突き落とす。

B　かわいい子には旅をさせよ。

C　他人の飯を食べて来い。

Aのことは、百獣の王のライオンでも、突き落とされた谷底から自力で這い上がって来るような子供でなければ、ライオンとは認めないよ……かわいい子供だからこそ、体力、知力、忍耐力を持って、自力で谷から這い上がれるような逞《たくま》しい子供になって欲しいと。このような逞しいライオンでなければ、弱肉強食の厳しい自然であるアフリカのサバンナでは生きていくことができないということです。

Ｂとｃは、かわいい子供ほど世間に出して、わがままが言える家庭のありがたさを味あわさせ、自分の行くべき道を考えさせる。そして、他人の中で辛い目に遇いながら、甘い・酸っぱいの人生経験を積んで来て、立派な人間になって欲しいという親だからこその愛だと思います。これがかわいい子供のためになることであって、親という者は憎らしくて怒るのではなくて、かわいい子供だからこそ、これからの子供の人生の中を忍耐強く、逞しく生きていって欲しいからこそ怒っているのだと……。

そして父は悪いことをしていない、怒られてもいない他の兄弟にもよく言っていました。他人が怒られている時、誉められている時もよく聞いていて、自分が言われていることだと思いなさい、と。

③朋友相い信じと子供たち
真の親友とは、自分のため、社会のためになるように、お互いに切磋琢磨《せっさたくま》し合い、信じ合い、お互い分からないことを教え合い、何事も分かち合い、また、助け合っていける友だちのことだと思います。

一般的に自分サイドから見た大切な者の順番と言えば。

（a）自分本人、（b）親兄弟の家族、（c）親戚、（d）隣近所、（e）地元を中心にした地域、（f）国家、（g）世界、となるでしょうか。しかし、友だちはa以外の何ところのランクにでも入れる大切な人だと思います。大の親友は、bの前になったり、cの前になったり、時たまに会うぐらいの友だちはeになったりするでしょう。

特に最近の若い人たちには親、兄弟よりも友だちに諸々のことを相談し、自分の身近な最も大切な存在になっていることが多いように思います。このような現代社会において、自分における真の親友とは誰であるか、これからの自分の人生に対してプラスになるかマイナスになるか、親友を作る場合の選択肢を白分なりにもう一度よく考えてみる必要があるのではないでしょうか……。私の七〇年間の人生を振り返って考えますと、良き友人を持つということは、自分の人生の方向付けにおいて、良き道に行くのも、悪き道へ行くのにも、多大な影響があったと思います。誰でも人生においていろいろな友だちとの出会いがあるし、あったと思います。

私の場合も、長き人生経験から大勢の友だちの出会いがありました。お役所勤めの父でしたので、子供の躾は厳しかったものです。少年時代には、狡猾な人間になるな、嘘つきな人間になるな、薄情な人間になるな、お金のありがたさの分かる人間になれと、厳しく教育されましたし、そして父の意に反するこのような友だちからは遠ざけられました。

人生の良し悪しが分かる年頃になっても、また、年を取ってきた今でも覚えております。このような本を書くのも、父の教えがあったからこそと思っております。長い人生ですので、神様ではない生身の体を持った人間ですので、父の意に反して脱線したこともありましたが、人様に迷惑も掛けずに今まで何とか生きてまいりました。

私の経験を踏まえて、家庭においても、自分の子供たちとその友だちに、義理、人情による友情を教え、自分たち夫婦を一つの起点にして、立派な世のためになるように子供たちを導いて、仲の良い、素晴らしい家庭環境を各々の家庭で作っていって欲しいと思います。健全たる家庭に、健全たる子供が宿る……と信じております。この良き友だちの間から「朋友相信じ」という言葉が作られていくのではないでしょうか。

健全たる家庭の一つの条件は、子供に対して本当の親の愛を、態度や言葉で表して教えていきたいと思っております。

たとえば、一つの例を上げますと、子供たちと一緒に親たちのちょっとした贅沢なものを買いたいと思った時に、「あゝ、もったいない。お前たちの結婚費用の一部として貯めておくよね」と言いました。私は親のこの言葉、態度が子供にとって、素晴らしく親の愛を感じる時ではないかと思いました。私をこんなに愛してくれているのだと……。

子供を怒る時も、ただ怒るのではなく、「お前を立派な人にしたくて怒るのだよ。お前は一人で生きているのではないのだよ。こんなことをしたら人に迷惑になるから怒るんだよ」と、子供たちに分かりやすく怒る理由を説明してから怒ったらと思いますが……私が思うに最近の親たちは、複雑な社会、家庭の仕組みの中でストレスが溜まり、そのはけ口として自分の意のままに子供たちを怒っている方が多いのではないでしょうか。このような怒り方では、子供たちはただ反発したくなるのではないでしょうか。

良き友、悪き友によって、意思の強き心、弱き心によって、家庭内での親の姿、生活態度によって。各人の心は変わって行くのではないでしょうか。その結果、一方は悪の道へ（集団暴力、暴走、いじめ等へ）、一方は良き道へ（共同事業、研究会、ボランティア等）と、自分の人生が、子供の人生が向かって行くのではないでしょうか。このような考えから言えば自分の良き友だちか、悪い友だちかによって自分自身の人生において、多大な影響を及ぼしていくことだと私は思います。そこであなたが真の友人ならば、人道上間違った方向に向かって行こうとする親友を、自分がしっかりした信念を持って、その友を人の道へ戻してあげるように、頑固な意思を持って歩んで行くべきではないでしょうか。

何事においてもイエスマンにはならず、意見、注意が言える間柄、お互いに困った時に手を差し伸べてくれる、差し伸べて上げられる間柄、このような間柄の親友を持ちたいと思っておりますし、このような親友こそ自分にとって、掛け替えのないお金以上の財産ではないでしょうか。

そして、友だちから「あなたを親友に持っていて良かった」と言われるような親友になりたいと思っておりますし、くれぐれもあなたを友に持って馬鹿をみたと言われるような友にはなりたくないと思います。たとえば親友と共同で何かことを起こす時、あなたが一、親友が一、二人合わせて二ではなく、五ぐらいの相乗効果が出るような、価値になる友を見付けたいものです。


この三つの言葉の内容は、自分の一番身近な生活の根源であって、自分の幸、不幸を左右する事柄だと私は思っております。一生の伴侶を、良き友人を見付ける時も、お互い、見栄のない自分、嘘のない本当の素直な自分を見てもらい、付き合っていったなら、お互いに良き人生が送れると思います。また、人のためになって、人に喜ばれてこそ、人生の味わいが、楽しさがにじみ出てくるのではないかと思いますが……。

この三つの言葉に、敢えてもう二つ加えさせてもらえば、一つは親と子供、夫婦、良き友を含めて、人間の付き合いとは知り合ってからの長さも必要ですが、それ以上に親密度の深さではないかと思っておりますが……。二つ目は、愛だと思います。人を愛することは若者だけの特権ではないと思います。私はこの愛するという言葉の中に、神仏の教え、道徳や喜怒哀楽等、人の心の中での問題を解決できる源ではないかと思います。

他人を愛すると同じに、自分自身を愛することも大事なことだと思います。自分自身を愛するということは、自分の人生をエンジョイし、自分の体を始め、自分のいろいろな考え方を大切に守っていくことだと思っております。このような考えから、表面上だけの長い付き合いよりも心の親子の情、夫婦の情、友情の真の愛が一番大切だと思います。

五、お金の使い方と貯め方

給料、銀行利息、年金、生保、失業保険の先行きにあまり明るいものはなく、加えてリストラ等による未来収入の減少と不安は、多くの方が抱えていることだと思います。その一方で、各種税金、健保、介護、年金等の公的支出の増加が家計を圧迫しています。

これらは、非常に重大な問題ですが、ますます国は当てにできなくなっていますので、自己責任で自分のセーフティーネットを考えていくことが必要な時代になっています。

私たち庶民の財布の中身、つまり収入と支出には、次の二つの大きな流れがあると思います。これについて、少し考えてみましょう。

①一つ目の流れは個人としてどうすることもできないものだと思います。それはマクロ経済問題だと思います。私たち庶民の手に届かない、世界、国内の政治や出来事、経済（政情不安・戦争・天災・大国の財政収支、経常収支、貿易収支の高低等によって起こる、エネルギー生産の高低、インフレ、デフレ等）の変化によって、個人の収入変化（賃金低下、失業率の増加等）、支出の変化（物価の変動等）による個人の力ではどうすることもできない経済変動があると思います。

②二つ目の流れは個人各々でしかできないミクロ経済問題があると思います。一番身近な各家庭内の経済問題です。給料、銀行の通帳残高、自分の財布の中身、少々の株式、年金、税金等の自分の身の周りを回っておりますお金の流れそのものだと思っています。

企業はものを作り、私たち消費者はそれをお金を出して買います。そこに利益が生まれます。その利益で、企業は従業員に給料を払い、税金を払います。従業員はその給料で必要なものを買いながら生活をしていきます。国はその税金でインフラを始め国民の皆さんが良い環境で生活ができるようにお金を使っています。

この収入―生産―支出―収入のお金の流れで、その流通しているお金を自分のところでいかに留め得るかが、つまり収入を多く、支出を少なくすれば、その差が貯蓄としてお金が残るはずです。一方、幾ら収入があっても、支出が収入以上にあればバランスシートは赤字になります。成功者と言われる企業家は、一つひとつの小さな貯蓄を毎月、毎年と貯めていき、大きな貯蓄の塊にします。この大きな貯蓄という塊を、将来、事業等を起こす資本金にしており、また、複利になるようなお金がお金を生んでくれるシステムの元金にしております。

経済講演会などに参加させてもらうと、大企業でもキャッシュ・フローを大切にしているそうです。会社の大きな財布の現金の流れが動脈硬化にならないように、常に勉強しなければならないそうです。大会社でも従来の考え方を変えつつあるのです。

しかも自分の小さな財布の中身、現金の流れを再確認する必要があるのではないでしょうか……クレジットカードだ、分割ローンだと組んでおられる方の中には、死んだお金の使い道がたくさんあるのではないですか。真面目人間で、コツコツ貯める、当り前のことです。それにもう一歩頭を使って、お金を増やしていくよう、努力していくべきではないでしょうか。各々価値観が違いますが、多少なりにも成功者になりたければ、それを実行するために余分に働くこと、余分の支出をしないように常に考えながら一時的に現世のいろいろな誘惑から逃れる、また、断ち切る強い意志と忍耐が必要だと思います。昔からの諺にあるように、「苦あれば楽ある」ということになると思います。

私は思います。人生は金持ちになることが最終目標ではなく、自分が努力して目標を得た時の喜びを大切にしたいと思っております。そのような大切なお金ですので、生きたお金として使っていただきたいと思っております。

お金についての考え方は各人各様だと思います。幸福とはの項にも書いてありますが、私が常日頃思っている、幸福である必須条件とは、

①お金、②健康、③時間、④友人、⑤趣味（長期的、短期的にしろ自分を癒してくれる行動）、⑥自分の行動に満足できる豊かな心が持てること

だと思っています。

昔の江戸っ子たちは、「宵越の金は持たない」が男としての美学だと思っていたようですが、現代でも、男同士の付き合いの中で、あの人はお金に汚いと言われるのをタブー視する傾向があります。

しかしもう一方では、豊田佐吉、松下幸之助、本田宗一郎、その他自分一代で企業を起こして大社長になられた人がいますが、これらの人は、現世の誘惑と貧乏に対して強い意志と忍耐でそれを克服し、努力してこられた方であり、ケチではなく、お金の使い方をわきまえた方だと思います。

人生平々凡々として一生を過ごしていく人、男として生まれてきたのだから一旗上げたい人、いろいろな考えの人がいると思います。自分の価値観で自分のベストな人生を自己責任にて考えながら生きていくべきでしょう。貧乏な人が借金までして見栄を張って金持ちの生活をして、一生金に追われる人……一方、今は貧乏だけれど、今に見ていろ、俺は素晴らしい人生を送って見返してやるぞと、ファイトと夢を持って働く人、これぞ私は人間としてこの世に生まれきた素晴らしさではなかろうかと思っております。

ここでこのお金の使い方について、自分なりに考えてみました。お金の使い方と言っても、いろいろなケースがあると思います。

①ものを得る対価としてのお金――生きるために必要なお金
②お金がお金を得る資金としてのお金―事業などの収入を得るためのお金
③人に差し上げて喜んでもらえるお金――寄付、ボランティア等
④自分のために使うお金――教養、娯楽、趣味等
⑤世の中の義理のために使うお金――祝儀、不祝儀等
⑥お金が財布から出ていく時に、このお金が金額以上の値打ちのお金になって使われているか。
⑦お金の値打ちは相手によって違ってくる。億万長者に一万円上げても、なんだ、たったの一万円かと思うでしょう。しかし、アフリカなどの本当に困っている後進国の方々に一万円上げたならば、その人たちにとってどんなに助かって、どんなに喜ぶことでしょう。お金が本当に喜ぶ使い方をしたいと思います。
⑧時間もお金であることも知っておいてもらいたいと思います。パートで働けば一時間何がしかの賃金がもらえます。無駄な時間はなるべく使わないようにしたいものです。昔からタイム・イズ・マネーと言われています。自分のため、人のためになって喜んでもらえる時間を持ちたいですね。

人間の信用はお金の使い方によって大半は決まると思います。特にお金の支払い方は綺麗にしなければならないと思います。信用と信頼の項でも書いてありますが、人間として借りたお金は必ず返さなければならないのです。どうせ返すのだったら決められた期限内に返すことによってあなたの信用はどれほど世間様に認められるか分かりません。もし、どうしてもお金の工面ができない時には頭を下げて、返す日時を決めて頼むようにしなければ、これから先のあなたの長い人生に必ずマイナスとして返ってきます。

お金の値打ちをもっと考えてみましょう。誰も拾ってくれない、道端で悲しく光っている一円のお金でも大切なお金です。一円足りなくても電車に乗ることができません。その一円が一〇〇枚集まって一〇〇円です。

ユニセフから参りますレポートによりますと、その一〇〇円で、アフリカ等の国の、栄養失調で下痢をしている子供たちに、下痢による脱水症状を緩和する経口補水塩を七本買って上げられるそうです。もしかしたら、私たちはたかが一〇〇円ぐらいと思っている方が多いかと思いますが、そのたかが一〇〇円で、子供の命が救えるかもしれないのです。

現在、世界では、たかが一〇〇円に泣いている人が大勢いることも忘れないで欲しいと思います。

お金は使う人の心によってその値打ちが変わってきます。喜ばれるお金、悲しませるお金、人を殺すお金、仏になるお金、鬼になるお金等、いろいろな値打ちのお金になります。たかが一〇〇円のお金が一〇〇〇円以上の値打ちになるような、素晴らしい使い方を常に考えておきたいと思います。

私は元々商売人ですので常々考えていました。もし賭け事などで三万円使うのならば、同じ金額で自分のお店の売り出しチラシを五〇〇〇枚配る方が、よっぽど生きたお金の使い方だと思いますが、いかがでしょうか。

この世には娯楽として遊ぶところがたくさんあります。競馬、競輪、パチンコ、マージャン、酒、女、その他いろいろあります。昔から言われています、呑む、打つ、買う、と、これらを全部止めなさいと言ったり否定もしません。その人、その人、自分の生き方の価値観が違うと思います。しかし私は思います。前にも書いてありますが、平々凡々と生きていくのであれば、それで良いが、あなたが何か人間としての希望を持っていて、ユア・ドリーム（あなたの夢）を成功させたければ、人並み以上に努力をしていかなければ成功しないと私は思っています。せめて人生の目的を達成するための基礎を作る間だけでも……。

お金は天から降っても来ないし、人様が恵んでもくれません。お金を貯めるにはあなた自身の腕の中にある努力と知恵が必要だと思います。

私が思っていることを例として一つ書いておきます。

それは、収入と支出のバランス・シートを考えていきたいということです。

たとえば、一日二万円の日当が稼げる職人さんがいるとします。この人が職場に行かずパチンコに行ったとします。パチンコで二万円すりました。この人はトータルで四万円損をしたことになるのです。一ヶ月二五日働けると仮定すれば、その差は一〇〇万円になります。また、この職人さんは、日当二万円ですから、一ヶ月二五日働けば五〇万円の収入になります。生活費に二五万円使い、残り二五万円を貯金すれば一年で三〇〇万円貯まります。経済の勉強をして、その基礎の資金を上手に運用していったならば、一〇年後のあなたは三千万円以上の資産ができるのではないかと思いますが、どうでしょうか。

お金を貯めることも、会社を作ることも、いろいろな会を育てることも、何事も基礎を作ることは大変です。しかし、人並みの生活をしていては、人並みの生活しかできません。人生の成功者になるためには、人並み以上に努力して頑張ればできると確信しています。その努力も、一生しなさいと言うのではなく、成功の元金を作る自分の長い人生の一時期だけでもいいと思いますが……。

次はお金を貯めるには、貯めやすい時期があると思います。今のように景気が悪い時にはお金は貯めようと焦っても、生活するだけで精一杯で、貯めることはなかなか無理だと思います。

私は小さなお店を経営しておりました。一〇年前、バブルで景気の良い時代がありました。皆さん、お金が入るものですから、お金を湯水の如く使った人もいます。そのような人は、景気が悪くなっても楽しかった遊びが忘れられずに、遊んでいます。景気が良い時にこそお金を貯めるチャンスなのです。たとえば、今まで一日二万円儲けていた人が、バブルで五万円儲かりました。このような人はこれからはもっと儲かると思って、三万円以上遊びに使いました。景気が良くて余分に儲かったお金を全部使ったわけです。やがて景気が悪くなり、一万円しか儲からなくなってきました。この方がバブルの時のように遊んでいたらどうなりますか、倒産です。景気の良い時に三万円貯金に回していた人は、五年間で約五百万円の資本金ができたわけです。一万円の収入がある人が、五〇〇〇円使い、五〇〇〇円を貯金する。三万円の収入のある人が二万五〇〇〇円使ったならば、預金残高は一緒になります。お金の支出をよく考えたいと思います。

このような考えを持っている方は、景気が良い時にはお金を貯めるように……景気が悪くなれば自然に質素な生活になると思います。

「貧すれば鈍する」という言葉があります。私の今までの人生の中で、真面目で、義理堅い人が事業に失敗した途端に、人を騙したり、義理を欠いたりしていた人を大勢知っております。鶴田浩二の歌や、浪花節の世界ではありませんが、この世は義理と人情が廃れば真っ暗闇です。しかしその義理や人情も、お金がなければ果せません。ボランティアでも言えると思います。自分が食べることもできないのに、人様の面倒など見ることができるでしょうか……私はできないと思います。

しかし、お金があってもしない人が多いのが現実です。人生お金ばかりではないと思いますが、人並みの人生、綺麗な人生、人様に迷惑を掛けない人生を送るには、ある程度のお金も必要ではないでしょうか。

一つ私の体験をしたことを書いておきます。

一〇年ぐらい前のことです。その当時、私はある会に参加させていただき、お手伝いさせていただいていました。その会で新年会があり、それがお開きになった帰りのことです。新宿へ二次会に行こうということになりました。私は飲まないので、ほとんど自分からは飲みに行くことはありませんが、しかしお付き合いだけにはできる限り参加させてもらっています。時と場合によって、たとえば、私が会の責任者になった時とか、これから皆様にお世話になる時、あるいは後輩たちから担がれた時とかには、自分から誘って行く時もあります。

さて、タクシーで新宿に着きました。そこである友だちが私に言いました「今日は景気の良い齋藤のおごりでいこう」と。私はとっさに言いました。「お金は私のものだよ……請求されて渋々出すようなお金は持ってない。私のお金に対する考え方は、私の財布を出る時にどんな値打ちのお金かを考えることにしているんだよ。皆が心からありがたく思ってくれるならば払ってもいいが、後からあの馬鹿に飲み代を払わせて儲かったよと笑われるようなお金は一銭もないよ」と言って帰ってきました。

私に言った彼はお金に平素から汚く、割り勘の時など自分の健康のこと等も考えずにこの時とばかりに飲み食いする人でしたので、一本釘を刺してやりました。このような友だちは、これから長い付き合いをしていても、いかがなものかと思います。

お金の大切さをもう一つ書いておきます。

ある日、ある先輩が訪ねて参りました。急に大事な息子を亡くしてしまったと肩を落としておりました。どうしたのだと、いろいろ聞いてみました。「私が殺したのと一緒だ。お金さえあったら多分死なないで良かったと思う。平素お前が言っていたことが現実になり、今さら後悔しても遅いがね……」と彼は涙を流していました。彼の息子は平素はすこぶる元気で病気一つしない肉体労働者だったのです。ある日突然、物が黄色に見えてきたので、近所の病院へ行きました。直す大きな病院へ行くように紹介状を書いてもらい、行ったそうです。大きな病院の問診で癌の疑いがあるから精密検査をするために入院して下さいとのこと。ところが、入院するには一日何万円もする高い個室しかないとのことでした。一日何万円もする個室に入るお金がないために大部屋が空くまで待つと言って薬だけもらって帰ってきたそうです。薬が効いたのか黄疸も二、三日で消えてしまったそうです。そのため、そのままにしておりましたら、二ヶ月ぐらいして、酷い黄疸が出て、急遽入院させたそうですが、その時にはもう手遅れだったそうです。

この親子は平素お酒が好きで、手元にお金があれば飲みに行く毎日でしたので、私が、体も壊すし、お金がなければ今に困る時が必ずあるから、少しでもお金を貯めるようにと注意しておりました。自分の愛する息子を亡くして初めてお金の尊さを味わったと、お金があれば最初に入院と言われた時入院させて、そうすれば、もしかしたら助かっていたかも、と思ったそうですが、歌の文句ではありませんが、後の祭りだったと涙を流しながら、私にしみじみと話していきました。

このように、お金は自分が生きていく上で必要なものであって、世間様にお金のお世話にならないように、ある程度の予備のお金を蓄えておかなければ、惨めな人生になると思います。汚いお金じゃなくて、自分の努力によって成功し、金銭的に余裕ができたならば自分の手で弱者を救うこともできると思います。幾ら人を助けたくても自分の生活が一杯では何もできないと思いますが……。

綺麗なお金は、人生を楽しくしてくれるお金。人のためになるようなお金。

汚いお金は、借金などで人生を苦しめるお金。人を苦しめるためのお金にならないように。ここで一言、それは、お金を貯めるための節約とケチとは違うということです。ドケチになれば運（自分の周りの人からもらう盛運）はもらえなくなります。気をつけたいものです。

自分の、家庭の幸せのためにも、現在、未来の自分の家庭のポートフォリオを考えておきましょう。

六、現代の子供に一言

二一世紀になってデフレ・スパイラルです。どこの家庭も台所は苦しいことと思いますし、子供たちも景気が悪いことを多少は分かっていると思います。最近の傾向としまして、親御さんたちが子供の教育のために必要以上に、いや、子供の能力以上の期待をかけてお金を使っているように私は思っています。幼稚園から小学校、中学校、高等学校、大学と、有名私立学校と有名校へと親たちの先入観に子供たちが子供たちの意思に反して流されて行っているように感じます。子供のキャパシティーを十二分に把握し、子供のこれからの将来をいかなることをすれば、人間として生きて行けるか、幸せな人生を送れるか、社会のためになる人になれるか、よくよく話し合っていったらば、良い子供たちになるものと信じています。

また、子供たちには必要以上の物質的、教育的なことにお金を掛けるより、人間として、親としての愛を与える方が、より賢明だと思っています。多くの今の子供たちは、高価なブランド品、携帯電話、ゲーム機と、何でも買ってもらって贅沢一杯。その挙句、マニュアル化されたメカや、単一的な世渡りには強いが、体力なし、情熱なし、根性なし、我慢と忍耐力なし、常識なし、情緒なし、創造力なし、ロマンなし、働く意力なしと、このような、ないない尽し人間が多くなってきたように感じられます。

親が与えるゲーム機により、現実（リアリティー）と空想（バーチャル）の感覚がなくなって、非人間的な行動を起こしたり、現代のあまりにも平和と豊かさに浸かって溺れ過ぎ、刺激を求めて悪の道に走っていくように思えてなりません。子供を含めた現代社会に増えつつあり憂慮すべき時代が来ているように思えます。

しかし景気の悪い今がチャンスだとも思っています。子供たちに自分の家庭事情を話して、家庭のためにも、また、将来の子供たちのためにも、今こそ、耐久生活を体験させ、我慢強い忍耐力のある子供たちを作っていく時だと思いますがいかがでしょうか。そして個々の子供たちの長所を見付けてあげて、その長所に付加価値を付けてあげる、また短所を把握してから改めるよう話し合ってみる。そして子供自身の人生のシュミレーションを作ってあげられる親になれるように頑張っていけたらと思います。人間、長い人生の中には、天災や戦争で、あるいは病気で、どのような社会不安な時代に遭遇するかもしれません。そのためにも、平素の生活の中から、強い人間を、すなわち、忍耐、我慢、決断力、他人の痛みが分かる慈悲の心、常識のある人間を作っていって欲しいと思います。

世界の中には、三度の食事にも困っている家族が大勢います。働きたいが働いてお金を稼ぐ場所もなく、愛する自分の子供が、親兄弟が、飢えで苦しんで、死んでいってしまう悲しいことも現実です。

金持ちの日本人は、自分のやりたい仕事がないから、また自分に向かない仕事だから働かないとか、お金がなくなればフリーターで稼ぎ、お金ができたら海外旅行だ、車だと言って、贅沢三昧。人間生きていくことがいかに大変かに目を覚まして欲しいと思っています。

そして、マンネリ化した自由と平和のありがたさを、空気や水のように当り前に思っている人が多くなってきたように思う昨今です。

この文を書きながら、自分の小さい子供時代のことを思い出しております。

先にも書きましたが、私の家庭は終戦後に旧満州の大連から着の身着のままで引き揚げてまいりました。苦労話の方は自分史で詳しく書く積もりですが、私と父親との親子の心の葛藤を書いておきたくなりました。

大連から九州の佐世保に引き揚げてきたのは昭和二三年の三月二一日でした。一時的に父の姉がいる山梨の親戚の家で、次は名古屋の親戚の家でと大勢の方に助けてもらいました。確か翌年の二月頃だったと思いますが、三重県紀伊長島というところの親戚のお家の、崖淵にある土地の一部を貸してもらい、六畳一間のバラックを建てさせてもらいました。母は終戦の年に癌で亡くして、父と兄弟四人で住むことになりました。裸一貫にて引き揚げて来ましたので、お金はもちろんのこと、生活道具も何もない状態でした。私は中学一年でしたが、長男であったので働かずにはおられません。たしか二ヶ月ぐらい掛かったと思いますが、父と二人で、山を削り、石垣を積み、開墾しながら建てた家でした。すぐさま名古屋におりました弟妹を呼び、久しぶりに水入らずの夕食を取りました。弟妹が来る前の日に、土地を借りていた親戚のおばさんが、弟か妹を隣村の子供のいない農家から養子にもらいたいという話がきているがいかが、と言ってきました。しかし父親は、即座にこの話はないものにして下さいと断っておりました。

夕食後、親子全員が揃ったところで、父が私たち子供全員の前で申しました。アチラコチラの親戚から恵んでもらい、借りてきたお金（たしか一〇〇円くらいだったと思いますが）、家にある、ありったけのお金を子供たちの前に出して、「お前たちも知っての通りお金はこれだけしかない。家財道具も何にもない。しかし、どんなに貧乏になっても、どんなに苦労しても、親子バラバラにならずに手を取り合って仲良く、頑張って生きていこう」と。

貧乏の辛さ、お金の尊さを子供ながらに味わい、絶対に偉くなり、金持ちになってみせるぞと、子供心に誓ったことを今でも覚えています。その晩は親子五人、手を取り合って泣き、頑張って生きていこうと誓い合いました。

この時があったからこそ、少しは金の値打ちが分かる人間になったと思っています。

それからの私は、午前中学校に行き、昼からは経済警察の目を気にしながら、逃れながら買出しに行っておりました。中学三年の時、友だちが楽しく修学旅行に行っていた時も、お金がない私は修学旅行に行かれずに、家族の生活のために買出しに、行商に頑張っていました。紀伊長島という町は、海が傍のため、漁師と材木の町でしたので、父と薪で海の水を煮詰めて塩を作り、生活をたてておりました。その他、漁師の手伝い、丸太を船に積みこむ人足等、いろいろなことをして生きてまいりました。

これが、お金のない惨めさを味わった最初のことであり、悲しく、また悔しく泣いたことを今でも忘れることができません。その後もお金がない辛さを我慢しながら過ごすことになります。苦しい時はこの父の言葉を、手の温もりを忘れられず、今でも私の心の支えの元として生きております。

お金は人を幸せにも不幸にもするし、私には特に頑張って行くぞという力の原動力になって来たと思います。また、向学心は人一倍ありましたけれども、大学も卒業できず、ないない尽しの私の少年、青年時代でしたが、グレもせずに現在の私を作ってくれた大恩人は父であったと思う昨今です。であるからこそ、ご恩返しの親孝行はできる限りしてきた積もりです。

最近私が考えておりますことを書いておきたいと思います。

モラル・ハザードだ、マインド・ハザードの時代だと言われて、自己の欲望を満たすためには人を苦しめても、殺してまでも満足を得たいという自分の欲望のままに行動する人間が多くなってきたように思います。最近は特に悲しむべき傾向として、自分より下の、社会的弱者、たとえば年寄とか、身体障害者とかをターゲットにした犯罪が多くなってきました。アフリカのサバンナにて繰り広げられています弱肉強食の自然のままの世界に、傷ついて逃げられない草食動物を放り出すような社会に、知識と知恵のある人間社会が向かって行きつつあるように思われてなりません。

しかし頭の良い人間です。良い対案をきっと考えるでしょう。政治が悪いのだ、大人が悪いのだ、教育を改革する。罪を重くするなど、いろいろな案が出てまいりました。

その中の微々たる案かも知れないですが、大人、地域社会の方々等、いろいろな力が必要ですが、特に、子供たちといつも一番身近におります親、先生、そして一般社会にアピールができるメディアの力にお願いしたら、多少は良い社会環境ができるかもと思いながら次のことを書いてみます。

私は教育に関しては素人です。現在学校で、家庭で、どんな教育をしているか一切知りません。しかし私なりに考えてみますと、ゲーム、テレビ、漫画本等で、罪を犯す人をあまりにもリアルに描き過ぎ、子供たちの頭の中には、現実とバーチャルが一緒に同居していて、とっさに分別判断することが欠如しているように思います。一時の短慮で自分が犯した罪の重大さと、その結果の責任を取る苦しさを大勢の方に知ってもらうことも犯罪をなくす一端ではないかと考えております。たとえば人を殺した時、関係した人の心の中のことをじっくりと考えてみたらどうでしょうか。

①殺された人は、殺される時どんな気持ちで殺されたか、大好きなお父さん、お母さん、兄弟と、もう二度と会うことができない悲しさを胸に持って死んでいったのではないでしょうか。痛かったか、苦しかったか、悔しかったか、あなたを憎んでいったか。もしあな

たが反対に殺される側の人になった時のことを考えて下さい。
②殺された家族の気持ちは、殺したあなたを一生憎むでしょう。同じにあなたの親、兄弟をも恨むでしょう。殺された子供の親は、愛し、育ててきた子供と、この世では二度と会えない悲しさと胸の痛みを一生味わって生きることになるでしょう。
③殺したあなたは、それ相応の償いをすることになるでしょう。今まで愛する親兄弟と仲良く平和に過ごしてきたあなたの人生が、一遍に方向転換して鉄格子の刑務所に入れられ、あなたにとって一度しかない尊い人生が自由のない苦しい、悲しい、寂しい、人生に変わるのです。事件を起こしてからでは、幾ら後悔しても遅すぎます。元の世界には戻りません。もし死刑の判決でも受けたならば、毎日毎日が死との対決になる生活があなたが死ぬまで続くことになるでしょう。または一生前科者として苦しみを背おっていかなければならなくなります。
④殺したあなたの家族は、親兄弟はあなたを生んで、育ててきた責任で、世間からは冷たい目で見られ、大道を歩くことができず、そして多分、その地には住めずに転居、あるいは一家バラバラになることもあると思います。
⑤罪の償い――人は誰でも自分の幸福を壊されること、または他人の幸福を壊すこともで

きません。罪を起こす前に、起こした責任を取ることがいかに大変であるかということを、やってしまったならば、幾ら後悔しても遅いことを教え、知らせて上げたらと思います。加害者

あなたは刑事罰の他に民事罰を、一生掛かって償わなければならなくなります。加害者が被害者に賠償をしなければならないために、もし軽い刑になったとしても、あなたの一生は賠償のために働かなくてはならなくなります。あなたの家族も同様です。

お父さん、お母さん、先生方、そしてメディアの方々、犯罪をおもしろおかしく報道するのではなく、この人の犯した犯罪で、このように困った人が大勢おります。また、罪を犯した方は今、こんなに後悔していますが、もう遅く、今檻の中でこのような生活をしながら、犯した罪を苦しんで償っておりますと教え、そして報道してもらいたいと思っております。

世の中のお父さん、お母さん、どうぞ子供と一緒に話し合い、人間だけが持っている、美しいね、綺麗だね、かわいそうだねと思う情けの心等の感性と喜怒哀楽の表し方を話し合って、家族の和を我が家の共有財産にしていって欲しいと思いますがいかがなものでしょうか……。このように話し合うことが不良化の防止になり、また真の教育ではないでしょうか。

人間である以上怒る時、悔しい時等、堪忍袋の緒が切れる一歩手前の時が必ずあると思います。そして自分のコブシを上げた時に、この文を思い起こして、ふり上げたコブシなれど降ろす強い勇気を持ってくれたら嬉しいと思います。

よくよく考えてみますと、今の子供たちは可哀相に思います。私たちの時代よりも科学等の発達で、学ぶ学問の量自体がとてつもなく多くなってきて、昔の私たちが学んできた時間が一緒としたならば、時間的に学校での勉強自体が一種の流れ作業化的に速いスピードで教えていかなければ、学校で学ぶカリキュラムをこなすことが難しいのではないかと思います。

特に週休五日制になればなおさら不安になってきます。頭の回転が少し遅い子供とか、病気等で一時期学校を休んだ子供たちの中には、落ち零れの子供ができてもおかしくない状態だと思います。そこで昔のようなスピードで教えられる学級と、そうでない学級に分別してもいいのではないかとも思っております。多分、義務教育ですから、偏差値による、差別の教育は難しいと思いますが、落ち零れからの不登校、不良化と進む子供がますます多くなるのではと思っている昨今です。

ここで断っておきますが、大多数の子供たちは人情のある良い子ばかりです。一部の不心得の人に（大人も含めて）惑わされずに、自分が良いと思う信念を一途に、人生を送って行こうではないですか……。

子供のことについて書いていますので、もう一つ書いておきたいと思います。

今、方々の学校で不審者による殺人、傷害、誘拐事件が起きております。

学校と家庭は知らない大人から話し掛けれても、また、ものを上げると言われても、もらったりしないで気を付けるようにと教えております。すなわち、子供たちに人を信じるなと、他人は皆悪い人だ、怖い人だと思いなさいと教えております。私がちょっと子供を誉めて上げたり、注意して上げても知らん顔、このような人間不信の子供たちばかりになってしまうと、日本の国の先行きはどうなるものかと心配でたまりません。

本来は純粋な心を持っている子供たちに、人を信じ合おうと教えるのが本当の教育なのに、人を信じるなと言う、この虚しい心、私だけでしょうか。あなたはどう思いますか？

自分たち夫婦を起点にして、立派な世のためになる子供たちを持って、仲の良い、素晴らしい家庭を作っていって欲しいと思います。健全なる家庭に、健全なる子供が宿る……と信じております。

親に一言。先日私がオートバイで、乗用車がやっとすれ違える程度の幅しかない裏道を走っておりましたところ、私のすぐ前の細い道から小学校二〜三年生の子供が自転車で飛びだして来ました。私はゆっくり走っていたから事故にはなりませんでしたが、普通なら大事故だったと思います。私のことです。すぐオートバイから降りて子供に注意をしました。細い道から出る時には必ず左右をよく見てから出るんだよと。子供は知らないおじさんさんから突然小言を言われたので神妙な顔です。ところがすぐ後ろから自転車の前座に幼稚園ぐらいの子供を乗せたお母さんが来ました。他人の子供を何で怒るの。親も怒ったことのない子に、と凄い剣幕です。すぐさま私は、多分私の車でなかったならばお宅の子はひかれて救急車ですよ、またひいたドライバーも迷惑しますよと言って上げました。この子の母親は最後まで謝ろうとしないで、私たちの勝手でしょう、いらんことを言わないで下さいと捨て台詞を吐いて行ってしまいました。子供を愛することもよいですが、誰が社会のルールを教えるのだ、と言いたくなりました。

もう一つ。私が寝具店を営んでいた時の話です。フトンを買いにいらっしゃったのか、下見にいらっしゃったのか分かりませんが、四〜五歳ぐらいの男の子を連れた親子のお客様がいらっしゃいました。何万円もするふわふわなフトンをお母さんが押したり、摘んだりしています。小さい子供は大きな飴玉を口に頬張っていまして、子供の手はベタベタです。その内に親がフトンを触っているのを見ていた子供が、そのベタベタの手でフトンを触り始めました。この方がお買い上げならばよいのですが、そうでなければ汚れてしまい、売り物になりません。すぐに私は申しました。そのフトンは売り物ですからお手々を拭いてから触ってねと。するとその若いお母さんは、ほら怖いおじさんに怒られるよと、言って強引に子供の手を引っ張って出て行きました。

この二つの例のように、怖いおじさんが怒るからではなく、こうしたら駄目ですよと、小さな子供にどうして教えられないのかと思ってしまいます。

子供の教育よりも、親の教育が先ではないかと思われる昨今ですが、あなたはどう思いますか?

ちょっと子供たちへ教えて上げましょう。

①礼儀と挨拶を――おはよう。行って来ます。ただいま。ごめんなさい。ありがとう。

②恩とありがたさを知ろう――お金。親。先生と先輩。周りの人。生きること。

七、知識と知恵

知識とは、国語辞典を引くと物事を知ること、知っている内容、と書いてあります。知恵とは、物事を分別し、または、もくろむ心の働き、と書いてあります。

学生時代によく勉強ができたと言われた人が、社会に出てから必ず成功して出世するかと言えばそうとも言えないし、勉強はできなかったが成功して出世した話をよく聞きます。

私は思うのですが、よく勉強をしていろいろな知識を頭の中に詰め込み、頭の賢い人が大勢いらっしゃいます。しかし、その知識も、行動を起こして有効に利用しなければ役に立たない無駄な知識になってしまうと私は思います。尊い長い時間と頭を使って得た知識という財産を自分のために、社会のために使ってこそ、自分の努力の満足度が得られるのではないでしょうか。この自分の知識を有効利用するプロセスを考えるのが知恵だと思います。

この世の中では頭が賢くて、すごい知識だけ持っていらっしゃる学者が大勢おられます。長い学生時代、また、社会人になってから得た数多くの知識が、自分の頭の中だけで持ち腐れにならないように、知恵を絞って社会のために応用してもらいたいと思います。知識だけあれば成功するのならば、経済博士は全員大金持ちになっているはずです。人間、成功する人は知識を過信しないで、細かいところにも知恵を出しているように思います。細かいところまで知恵を絞って、細心の注意を払うことは、小心者の方が良い結果を得られるように思います。あの大冒険家の堀江健一さんが、太平洋単独横断の大記録を達成できたのも、肝っ玉の太い心の持ち主だったからというだけではなく、成功させるために、知恵を出し切り、注意を払い、細かい計画を練り上げた結果が成功に導いていった原動力ではないかと思います。気象の知識、船を操る知識、無線の知識といろいろな知識があっても、アバウトでは成功は難しく、生活に必要な食料、薬品、水等、生活上必要な知恵を持って、細心の注意を払ってこそなし得たと思います。何事も学問だけあるから良いと言うのではなく、学問と学問の間をリンクさせていくものが知恵だと思います。

最近のメディアに出てくるクリエイターの中には、美辞麗句を並べて体験したようなフィクションを言っている方がおられますが、机の上の知識と体験上の体感知識とのギャップを私は感じます。大多数の現代人は、大学を出て知識だけは十二分に備えておりますが、知恵という応用力がないために、命じられたことは完璧にできますが、次の創造力のある案が出てこないのではないでしょうか。昔から、先進国の国民からは、日本人はエコノミック・アニマルと言われ、他の国が発明、発見した知的財産、品物のイミテーションを作って金儲けをしてきた、創造性の欠けた民族だと思われてきた時代がありました。

現代の日本は、ノーベル賞を受賞する先生方が多くなってきたということは、知識と知恵のバランスが取れてきて、人類のために貢献している日本人の創造性を発信しておると思っております。

八、自分自身の努力によって出世せよ、人を蹴落としてまで出世するな

バブルの崩壊。グローバリズムによるウィンブルドン化しつつある日本経済。特にこの数年の社会のイノベーション（変革）。そして一〇数年前までのバブル時代の終身雇用、年功序列（愛社精神）、護送船団方式の安定さ等の日本式ビジネス・モデルが良いとして世界

的に評価されていた時代が、バブルの崩壊前まであリました。しかしビッグ・バンによって、あらゆる旧ジャパニーズ・モデルが破壊されてきました。日本経済がおかしくなってきたと同時に、良い所が多かった日本経済システムがどうして悪者扱いにされなければいけないか、今でも理解に苦しんでいる一人です。何事も、勝てば官軍と言われますが、日本人の勤勉さと、国民の貯蓄によった豊富な資金に助けられながら、企業側は自社の社員を信じ可愛がり、また、社員の方は、会社のために働く愛社精神を持って共存共栄で日本丸を世界の経済大国にまでさせてきたのではないでしょうか。たしかに経済システムを改善しなければならないところはありますが、日本丸が繁栄してきたならば返り咲いてくるだろうと思っております。

一方、国内政治を考えた時、国民の政治不信による無党派層の増加、少数多党と連立政治、赤字国債の増加等、考えるべき課題が多数あり、経済の方では、資産デフレ、それからくる不良債権の増加、リストラ、社会保障制度、減税と増税のアンバランス等による全国民の将来に対する不透明感の増加、国際社会を見れば、宗教問題、民族問題、エネルギー問題等による紛争と、テロ等の不安定要素の増加。国家間のエゴによる意見のギャップ、不信感、人類の貧富の差の拡大。

これら諸々の現実を踏まえた上で、個人の職場を見れば、成果主義と能率給、ヘッドハンティングによる、ルールなき有能社員の引き抜き。そのために社員教育、厚生施設の廃止、社員同士の功労の奪い合い、会社と社員との信頼感の欠如、競争時代によって社員同士の助け合いと協調性の失墜。その反面、有能な社員に対してはストック・オプションの導入による足止めの問題等が起こり、個人同士はもちろんのこと、企業同士のルールなき競争もあるのではないでしょうか。その挙句に利益追求だけに走る企業経営者のモラル・ハザードによるコーポレート・ガバナンスの欠如、一つの例として、経営者の無策・無責任のリストラがあります。

リストラに名を借りた必要のない人員整理、その結果、失業者の増加、そして犯罪の増加による社会不安。

これらのいろいろなことを考えれば、今までのただの真面目な会社人間で上司より命令されたことのみを、真面目にこなしてきた社員ではいつリストラの対象になるやら不安の日々を強いられてしまうのが現実ではないでしょうか。

これから一つでも上のランクを目指して、安定した会社人間になるには、勉強し、知恵を働かして、会社になくてはならない人間にならなければ、これからは真面目だけでは人間としての安定生活ができにくい社会になっていきそうに思えてなりません。そのためには、時には自分自身を売り出すことも必要ではないでしょうか。私にはこのような特技がありますよ、また、いろいろな場所でのミーティングの時などには、積極的にディスカッションの中に入り、デシャバラナイ程度に自分の存在を皆さんにアピールできる人間になるべきではないでしょうか。

最近の経営者のお話を聞いておりますと、昔は出る杭は打たれると言われてきましたが、現在は出る杭を育てていこうとのスタンスに変わってきております。たくさんの杭から将来性のある、優良な杭を摘出して、企業のポテンシャル（将来性）を考えていくようです。これからの社会においては、極端なデシャバリにはならない程度に、引っ込み思案をなくし、自分がよしと考えたことは正々堂々と何事も提案し、また、行動を起こして自分自身のＰＲをする自分の強いポリシーを持つことも必要ではないでしょうか。

そしてまた一方では、自分自身の努力（知識を得て、知恵を出す）によって、出世（社会のためになること）して欲しいと思います。しかし幾ら競争時代と申しましても、人を蹴落としてまで出世するなと言っておきたいと思います。人を泣かして幾ら出世しても、人の信用、信頼なくして成功なしだと私は思います。却って後輩に自分の手を差し伸べて助け上げてやる余裕こそ、自分の信用が加算されるのではないでしょうか。

以上のように、利己主義的人間、要領良く、また、オベンチャラを使ったり、同僚を蹴っ飛ばしてまで出世欲に取りすがる人にならないように願いたいと思っております。このような要領の良い、悪賢い人間が多くなれば、今のマインド・ハザード時代にますます油を注いで、利己主義的な荒れた社会に、世の中がなっていくのではないでしょうか。現代社会は今までの平凡な人間には生きにくい時代になっておりますが、やる気のある人間は、必ず老若男女を問わずマイ・サクセス・ライフをゲットできると私は確信しております。

私は常日頃次のように考えております。

多くの動物社会は、通常自分自身のために生きています。中にはコロニーを作ったりして、リーダーが率いて生きております。しかし人間社会は広範囲の互助社会であって、各自が人間としての本分の仕事を履行し、仕事の度合いに合った報酬を得て生きていく、また、その報酬に合った分担金、すなわち税金等公共料金を拠出していく、そして弱者（弱者と怠け者を分けていかなければならないと思っております。自分自身は何ら生きていくために日頃働きもしなく遊んでいて、お上が、誰かがその時には何とかしてくれるであろうという自助努力しない怠け者を弱者とは思いたくないと日頃私は思っております）を助けながら、ともに生きていく、この姿が本来の人間としての姿だと思っております。

最近は生活のため、お金のためとは言え、公共の道に反してまで、たとえば、仕事もしないで人を騙したり、窃盗、強盗、殺人等、反社会的なことをして生きている人が、景気が悪くなればなるほど多くなるように思います。本来の人間社会は、まともな仕事をして多くの報酬を得たならば、それ相応の税金という分担金を支払い、少ない人は少ないだけの分担金を持つ仕組みになっており、互助の精神に則った仕組みになっていると思います。

今の日本では、良い生活をしたいならば自分自身の努力次第では無限に可能だと思います。今のベンチャー企業では、学生が社長になっている会社がたくさんあります。今の日本は民主的自由社会であって、人間として生き甲斐のある数少ない国の一つだと思います。

現代の若者は、知識はありますので、知恵を絞り、努力をして、ロマンを持ち、自分の人生のサクセス・ストーリーに正々堂々と邁進してもらいたい。人生の成功者になった時に後ろ指を指されないよう、胸を張って歩ける出世人間になってもらいたいと思います。

このように、お互い助け合っていけたならば、素晴らしい平和な幸せな人生を送っていけると思います。

九、人生の迷い

今の社会全般が悩みや迷いだらけで、その中で私たちは日々の生活を営んでいると思います。人間は他の動物より飛び抜けた脳を持っております。記憶力・判断力・創造力・その他、言葉、動作による意思や情の疎通等です。そして喜怒哀楽を言葉・態度で的確に表現出来るのが人間だけが持っている特色ではないでしょうか。一方、この喜怒哀楽を感じるために悩みが、迷いがあるのではないでしょうか。お金のこと、仕事のこと、家族のこと、人間関係等、大なり、小なりこの世にて生きていく以上、人間は悩み・迷いを持っております。

私は先人たちが、この悩み、迷いを長い年月をかけ、一つ一つ解決して行って現代社会の、人間として生きていくべき良きルールとして人の道、宗教、法律、政治等、諸々のことを考え、古代社会から進歩、発展してきて現代社会の基礎を築いてきたのだと思っております。

人間らしい生き方をする人ほど、特に人類のためになっていきたい人、また、自分の人生を最善の生き方を求めている人ほど、大きく悩み、迷いを感じていることと思います。高校時代の幾何の時間に教わった、「逆も真なり」を思い出します。自分の人生をいい加減に送っており、悩み、迷いから逃避して、なるようにしかならないと思って人生を送っている人こそ、人間社会から離れていきつつある人間ではないでしょうか。

現代社会を考えてみれば、社会自体も迷い、悩んでいると思っております。バブル崩壊後の政治、経済、科学等の急速な社会の変化によって、私たちの身の周りの環境も変ってきました。私たち年寄には、この変化の速さに付いていかれません。グローバル時代になってから、政治では政党政治の力学から無党派層へ移行。経済ではビッグバンによる規制緩和とデフレ・スパイラル、また、ペイ・オフによって一般国民が金融不安を感じ始め、科学の発達で、特にＩＴ産業からくるデジタル・デバイド、医学の発達によりヒトゲノムやバイオ、再生医療の研究等によって長寿社会の出現等で、若者の生産社会から、老人社会の消費社会へシフトの変換期に向かっていると思います。このような若者たちから見れば将来の不安定社会のために、老人社会から見れば老人福祉の後退から、人の心の内に特に若者たちの心がマインド・ハザードになり、それが自分本意の利己主義的な考えの人が多くなってきた原因の一つだと思います。

私は、これからの日本は次のような時代になるだろうと考えています。あの終戦後の焼け野原の、ないない尽しの日本から、世界二位の経済大国になった日本人のバイタリティーは、自慢できる民族だと思っております。これからの日本は少子化時代になっても、頭を使った研究開発、発明・発見等で、国が豊かになっていくと思います。その上、もしかしたら世界が国連の下で一つの国のような考えになり、世界中で若い日本人の活躍の場ができると思っております。話を元に戻しましょう。

私は宗教家でも、哲学者でもないのですが、平素思っていることを書いてみます。

過去のあらゆる時代にもあったと思いますが、特に現代社会人は悩み、迷いが多すぎて、ストレスの中に埋まって生きていると言っても過言ではないと思っております。人間が生きていく以上、どんな人でも少なからず悩みがあると思います。ないと言える人間はいないと思います。すべての人間はこの世で、迷い、悩み、苦しみ、失敗をし、そして後悔をしていく連続ではないでしょうか……。人間すべての人が自分の行動に対しての後悔を、ある人は過去の自分の知恵と経験から、ある人は周りの人生の先輩たちからのアドバイスで目がさめ、悟りを会得し、経験してきた結果を成功への道標《みちしるべ》と必死になって努力して生きているのだと思います。このような時にストレスが溜まると思います。一概にストレスと申しても、人によって受ける感じ、度合いが違ってくると思います。①緻密《ちみつ》で考え深い人ほど強いストレスにはまり、鬱《うつ》になったりして取り越し苦労の多い人生を送ります。②反対に、その時はその時に考えるよ、なるようにしかならないよと、楽観的に考える人もいると思います。精神的には楽な人生を送れる人ですが、他のことではどうでしょう。

しかし、世の中には、自分だけが迷い、悩み、苦しんでいて、この世で一番不幸な人間ではないかと自問し、その苦しみから逃避するために、自分の周りの人たちをも不幸にしている人もいます。

ある人は自暴自棄になり、暴力や快楽の世界へ。ある人は鬱になり、自殺へ。ある人はやけくそになり、悪の道へ。ある人は世捨て人になっていくように思います。

私自身も人生経験が長いので、いろいろな迷い、苦しみ、失敗を経験してきました。①のように自分を戒《いまし》めて後悔したこともたくさんありました。しかし、今考えてみますと、その時その時全力で対処してきたと思っておりますし、それが良かったと思っております。鬱にもならず、自暴自棄にもならずで、今、健康的にも、精神的にも大きな不自由もなく、自分がパソコンに向かって、この文を打ち込んでおられることは、何事にも全力投球してきたお陰だと思っております。

仏教の言葉を借りれば、人間なら誰もが持っているのが煩悩《ぼんのう》です。人間のあらゆる煩悩を、人間だけが持っている知性と理性で柔らかく覆っていって生きたいと思います。平素から自分自身の性格を知り、欠点を改めながらこれからの人生を送っていったらいかがでしょうか。このようなことをいろいろ考えながら書いておりますと、これからも自分に恥じない事柄には、真正面から立ち向かっていくファイトが湧いてくると同時に、反面不安も頭を横切ります。

一〇、私のアイディンティティ

かつて、交通標語をもじって「赤信号、みんなで渡れば、怖くない」という言葉がよく聞かれました。この言葉が表しているように、自分個人では何にもできない無気力人間の癖に、集団になれば、良し悪しの判断力もないヤジ人間になり下がるやからの多いこと、このような人間が多くなれば、未来の日本はどうなることか危惧している人も多くおられると思います。

最近のどんな会議に出ても、付和雷同の言葉がある通り、陰では言いたいことを言っているのに、各自、個人の意見を言葉として発言する人が少ないこと。横並びの賛否の挙手。各個人のアイディンティティのなさ。このような会社、諸々の会、社会で進歩、発展が果たしてあるでしょうか。かような会議の中で賛成多数の議決を得ても、その次に出てくる実行、行動、実現というプロセスを責任を持って歩む人が果たして何人いるでしょうか。

私は一つの物事に対して、考えを提案し、そしてこれぞと思ったこと、時にすぐアクションを起こせる自分自身のアイディンティティを持っていきたいと常日頃思っております。

他人が何と言おうが、自分は自分、他人は他人。もし他人が人を殺したから自分も人を殺しても良いという理論はなり立たないと思います。自分の心に自分なりの善悪の魂を、自信を持って、心に秘めていきたいと思います。

常識ある人間も、群集心理に惑わされて一時的に自分では思わぬ行動を起こして取り返しのつかない事件を起こして、後悔している方が多くなってきたように思います。平素から自分のポリシーをしっかり持っていく躾と、社会通念上の良し、悪しの判断ができて、他人様がどんなことをしようが、他人様に自分が惑わされない、確たる強い意思と信念を持っていかなければならないと思いますが……。

最近特に、各会社に、町会に、商店街等各所で、アイディンティティを持つべきだと言われています。各場所のカラー、特色を出しながら発展していくことだと思います。個人もまったく同じで、確固たるポリシーを持って世の中の人々に、我ここにありという生き方を持ってゆくべきだと私は思っております。

おわりに

最後になりましたが、戦中派として生きてきた私の長い人生経験では、現代社会のレボリューションにはすごくギャップを感じております。そのギャップの差が良い方ではなく、悪い方に向かっていくように感じてなりません。若者たちの手本にならなければならない大人にも悪い大人が大勢おります。若者たちにも弱者を助け、尽しておられる心清き若者たちが大勢おります。この文を読んで、改めて人間としての責務を考えてもらい、心清き人はますますそのパワーを発揮してもらえれば幸いに存じます。

今、この本を書いております私自身、今までの自分の生きてきたことに対して、良いこと、悪いこと、恥ずかしいこと、謝らなければならないこと等、いろいろなことで反省、後悔をしている昨今です。私はこの反省の上にたってこの本を書いております。そしてこの本を読んで下さっている皆様方が、これからのあなたの人生にて一つでも良いことを増やして、一つでも悪いことを減らすという目標を持って生きていって下されば幸いです。

実はこのことを、私は私自身に言い聞かせながら書いております。一つでも人間らしき人生を、そして善行を実践できるように、また、長い人生ですので知識や、経験、また、良いこと、悪いこと、嫌なことや、反省すること等を忘れることも多いと思います。いや、悪いこと、嫌なことは反省してからは、なるべく早く忘れることによって楽しい明日があるのではないでしょうか……。悪いこと、嫌なことをいつまでも頭の中で考えていては、それがクヨクヨと心配したり、恨みとなったり、怨念となったり、暗い人生になります。私は折角、神様が忘れるという人の頭を作ってくれたのですから、嫌なことは素直に忘れたいと思います。実際は難しいでしょうが……。今の私にはできませんが、なるべく努力していこうと思っております。反対に、知識、経験（悪いことの反省を含む）、よいこと、恩、情け等はなるべく忘れないようにしていきたいと思います。特に嬉しいことや笑うようなことは、アドレナリンというホルモンが出て、健康に良く、若返るそうです。

世のため、自分のために、その忘れかけた良い必要な事柄を、この私の文で少しでも思い出だしてくれたらば嬉しく思います。私がこの本を書く気持ちになったことは、ある友人とお互いの人生観を語り合った時に、いろいろなことに共鳴して下さり、君が思っていることを一つ本に書いてみたらと言われましたことがきっかけでした。

よく考えれば、自分の身の回りにはいろいろな善悪があります。善を伸ばし、悪を正す、各々のちょっとした気遣いで良き世の中になるのではないでしょうか。そのちょっとした気遣いごとを例題として、自分のことや家族のことを書いてみました。

ある人は、自分のPRと自己満足ではないのか、人のためになることは、黙ってやってこそ値打ちが出るもので、人様にいちいち言うものではない……と言いました。

ある人は、現代社会で、自分も含めて何人の人が、今の世の中のマインド・ハザードをどのように考えて行動をしているでしょうかと言いました。大多数の方が、今の世の中がマトモだとは思っていないと思います。このまま黙っていたら、いつまでたっても、良くなるどころか、ますます悪い方向に進んでいくでしょう。

誰かが叫ばなくては、まず、自分が叫んでみよう、実践してみよう……この本を読んでいただいて、そのなかの一人でもいいから、社会のために、人のために……と思ってくれる人がいれば、そういう人が、一人から二人へ、二人から三人へと増えていってくれれば、より良い世の中になることを祈りつつ、また、お節介のお叱りを覚悟で書いてみました。

第三部も今書いておりますので、いずれまた、紙上でお会いしましょう。

【著者紹介】

齋藤鐵也(さいとう・てつや)

昭和8(1933)年、中国・大連に生まれる。

終戦の翌年、昭和21(1946)年に大連朝日小学校を卒業。裸一貫にて日本に引き揚げる。

三重県の紀伊長島町立紀北中学、三重県立尾鷲高等学校卒業後名古屋に出る。向学心から夜学に行くがすぐ退学。商売人で身を立てることを決意する。

昭和34(1959)年、東京に出て、寝具販売の会社を設立。妻の体調不良と跡取がないため、平成9(1997)年廃業。

現在、再度向学心を燃やし、生涯学習の実践と、各種地元のために活躍中。

有意義人生論
—人間には、よりよく生きるための道がある—

2023年3月31日発行

著　者　齋藤鐵也
発行者　向田翔一

発行所　株式会社 22 世紀アート
〒103-0007
東京都中央区日本橋浜町 3-23-1-5F
電話　03-5941-9774
Email: info@22art.net　ホームページ : www.22art.net

発売元　株式会社日興企画
〒104-0032
東京都中央区八丁堀 4-11-10 第 2SS ビル 6F
電話　03-6262-8127
Email: support@nikko-kikaku.com
ホームページ : https://nikko-kikaku.com/

印刷
製本　株式会社 PUBFUN

ISBN : 978-4-88877-183-2